「犬のように見える猫の絵」 開頭手術後、手足にマヒが残る中で描き始めた最初の絵。猫なんだなコレが。(28ページ)

「3月のライオン」　画家の友人に「この絵はTシャツにしたらいい」と言ってもらえました。（42ページ）

「修斗伝承」　２００８年の試合後の記念写真を元に描く。パンチを喰ってゾンビ顔に、ワイフはなぜか鈴木その子さん風に（54ページ）

「ぽりん」　入院中の担当作業療法士さんの愛猫ぽりんちゃんを描いてサプライズプレゼント!!（110ページ）

「稀勢の里優勝」　我が生涯に一片の悔いなし!!（102ページ）

「ヤー」　ダチョウ倶楽部の竜ちゃん。
この芸風、最高だね!!（64ページ）

「即身仏」　新潟で見た即身仏。
良い意味でヤバイもん見た。（214ページ）

「クルル」　犬川柳「ツーショット　撮ってやるから　エサくれよ」（152ページ）

「どん底」　どん底だから上がるだけ!!（90ページ）

「ライブ・フォー・トゥデイ」　天龍って良い事、言ってるよね！半分聞き取れないけど。（122ページ）

「ファイトクラブ」　Without pain, without sacrifice, we would have nothing.
痛みなくして、犠牲なくしては何も得られない!!（106ページ）

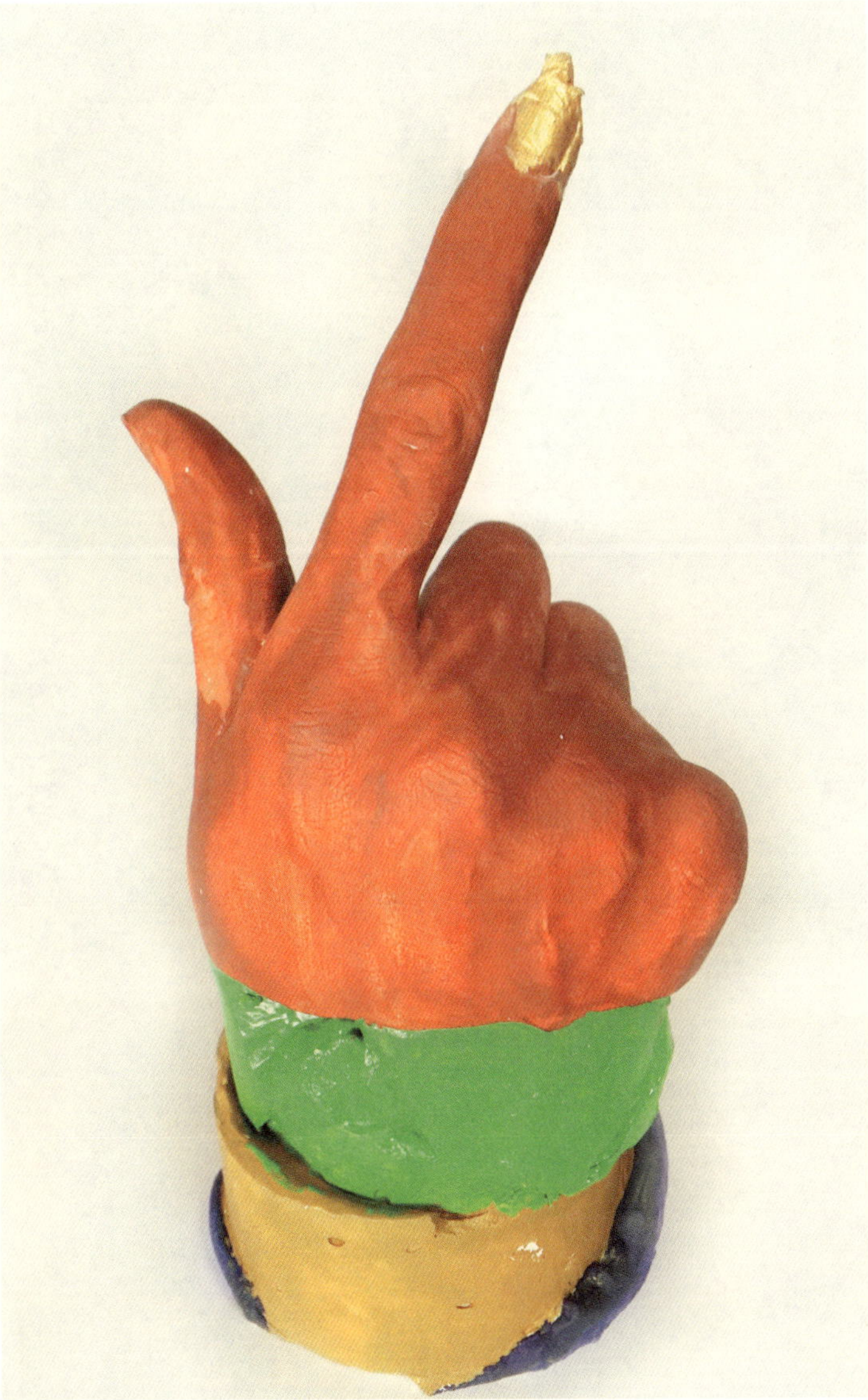

「シュートサイン」　子供用の石膏キットに手を入れて作ったから失敗し…味が出た。（208ページ）

「エイドリアン」 友人主催の「スタローン」テーマの展覧会に出品!! ラストシーンの音楽は聴くだけで「泣くよね〜」(おすぎじゃなくてIKKOさん風に)(126ページ)

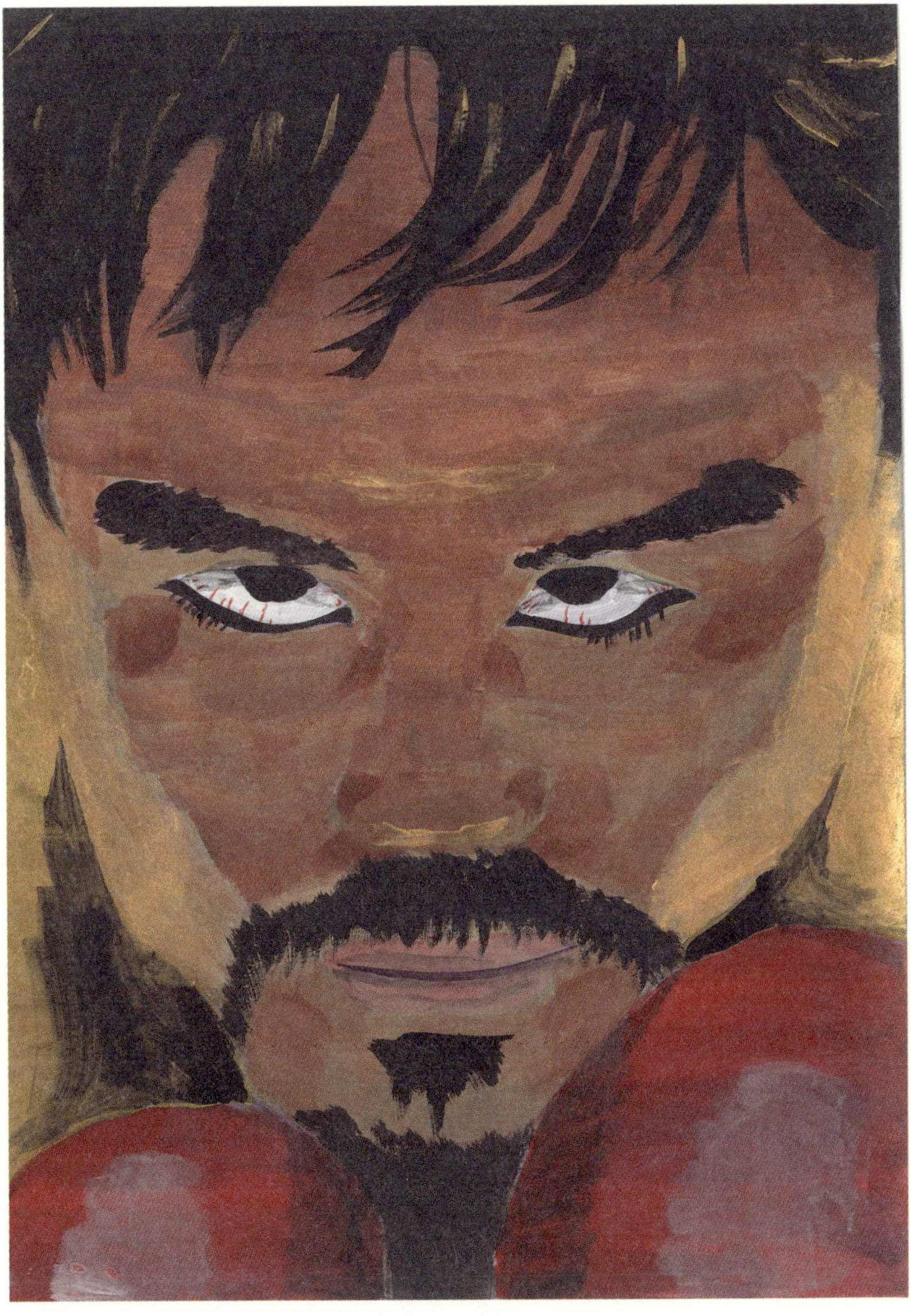

「虎の眼」「マニー～ザ・パックマン・パキャオ～!!」野人モード入りました～（204ページ）

「荊冠のジーザス」　入院した聖路加病院にちなんで。オレもここで復活!!（76ページ）

「1年後の自画像」　副題、葉巻を吸うイカれた頭の男。たまに会う母親はいつも髪を切れと言います。（86ページ）

「イーグルは飛んで行く」　小学5年の図工の時間に制作。絵を描くのは昔から好きだった。（226ページ）

格闘家にして理学療法士
奇跡の再起道！

オレの好きな48のファイトスタイル

6代目修斗世界ライト級チャンピオン
理学療法士
田村彰敏

BABジャパン

はじめに

２０１７年２月５日、東京ディファ有明、総合格闘技の試合に出場したオレは最終回にＫＯ負けをして仲間に肩を借りて控室に戻りました。

激しい頭痛を訴え、口から血を吐いていたそうです。コーチに病院に行くかを問われると「救急車を呼んでください」そう答えたそうです。答えた記憶はありません。

救急隊員が駆けつけ、バイタルをチェックし、脳神経外科がある病院へとの指示が出されました。ワイフは看護師なのですが、顔面骨折はして、吐き気はあっても、まさか脳にまでダメージがいっているとは想像していなかったらしく、血の気が引いたと後述しています。

ストレッチャーに乗せられて救急車へと運ばれる時の記憶はおぼろげです。それ以降の記憶は全くありません。一名の付き添いはワイフが乗車してくれ、仲間は車で病院に来てくれたそうです。

有明からほど近い聖路加病院に救急搬送され、初めは「ベッドが空いていないので、診るだけは診るが、その後は他所へ行ってくれ」との回答だったそうです。

ＭＲＩ検査をし、硬膜下血腫と診断され、その後の出血の様子を少しの間見たそうです。出血がひどくなければ開頭せずに自然吸収を待つという事もあるそうです。

オレの場合はどんどん頭蓋骨《とうがいこつ》と脳の間に出血が溜まってくる状態だったので緊急手術になりました。

執刀した主治医の先生はもしかしたら緊急手術になるかもしれないと察知し経過観察の待ち時間を利用して手術の準備をしてくれていたと後から聞きました。緊急手術になるので病院のベッドも何とかあけてもらえ入院する事が出来ました。

執刀して頭皮をめくり、頭蓋骨を切り取り、中に溜まっている血を抜く手術です。酷ければ切り取った頭蓋骨をしばらくの期間、元に戻せない場合もあるそうですが、オレの場合は血を抜いた後、頭蓋骨を元に戻せました。


執刀した主治医の先生からは「あと数時間病院へ来るのが遅ければ命はなかった。命を救う手術はしました。後遺症はわかりません」と聞かされていたそうです。ベッドへ横たわるオレは呼吸器を付けていました。はじめは自発呼吸が出来るようになり喜んだとワイフは言っております。

もし、控室に帰ったあの場で「ちょっと具合が悪いので車で家に帰って様子を見ます」なんて判断をしていたら命はなかったわけです。助かっても重い後遺症が残ったかもしれません。

手術は何時間にもわたり、待っていてくれる家族と仲間は涙に暮れていたと聞きました。命があって本当に良かったです。家族と仲間、救急隊員と病院スタッフには感謝しきれません。


その後の経過は良好だったものの脳のオーバーヒートによりてんかん発作を起こします。それによる脳の浮腫《むく》みにより一時的に右手足のマヒ、目、耳、言葉の障害が出て、3か月間の入院リハビリ生活を余儀なくされます。元々、夜は格闘技の道場に通っていましたが、昼間は病院やデイサービス、訪問リハビリで理学療法士として働いていました。そんな自分が病院で患者としてリハビリを体験するのはなんだか不思議な感覚でした。

オレが絵を描くのが好きだった事を知っていたワイフがリハビリを兼ねてと、ペンとスケッチブックを病院に持って来てくれました。これをきっかけに入院中に絵を描き始めます。

仕事と格闘技で忙しかったのでこんなに続けて筆をとるのは久しぶりの事でした。子供の頃の様に夢中で絵を描きました。しばらく時が経ち、入院中に描き始めた絵とその頃の様子を綴った文章とを合わせてＳＮＳにアップしていたところ当編集者の目に留まり、誘いを受けこの本の出版に繋がりました。

と、ここまで書くと大そう重々しい内容かと思われてしまいそうですが、オレ自身は脳がやられていたせいもあるのか（笑）元々の気質なのか、至って毎日を明るく楽しく過ごしていましたし、それは今も変わりません。重苦しい本だとは思わず、気楽に読んでいただければ幸いです。家族や仲間と共に歩んだオレの再起道を追体験してみてください。それでは、ある理学療法士で格闘家の身に起こった奇跡の実話、はじまり、はじまり〜

田村彰敏

２０１９年５月

写真：長尾迪

もくじ

第1章 マイ〝リハビリ〟ウェイ ………27

第2章 オレとアナタも〝共同体感覚〟……93

第3章 ファイトレコード……139

第4章 終わりは　はじまり……199

写真：長尾迪

第1章

マイヅリハビリヴゥェイ

1　犬のように見える猫の絵

２０１７年２月５日に開頭手術してから経過良好だったものの脳ミソがオーバーヒート、18日に、てんかん発作を起こしてしまいます。それにより、一時的に右手足のマヒ、半側空間無視（右目単体で見ると普通なのですが、両目でぼんやり見ていると右側の視界が欠けて見える状態）、失語（うまく言葉が出てこない状態）、失行（食事、着替え等の日常生活動作ができなくなる状態）に陥ってしまいます。

それでもオレは落ち込むことなくニコニコして「何でできないんだろうな？おかしいなぁ」と言いながらベッドの電動上げ下げリモコンをいじくっていたのを覚えています。上手く操作できずにベッドの高さがマックスになっていて、夜中に見回りに来た看護師さんが驚いていました（笑）。

靴下も履けず、箸も持てず、何もできない赤ちゃん状態でしたが、一つできるようになっては看護師さんやワイフに自慢げに披露していました。

「休日出の日勤に限って晴れてる♪看護師あるある♪」と陽気に歌っていた看護師さんもニコニコして見守ってくれました。一度ＤＶＤデッキでＣＤを流そうとしているのに、それが上手くいかずにイライラしてワイフに当たってしまった事がありました。申し訳ない。それでも、ずっと優しく接してくれて感謝しています。結局は入院中の部屋移動でＤＶＤデッキのない部屋に移動しただけでした（苦笑）。

入院中に絵を描き始めたのは、オレが絵を描く事を好きなのを知っていたワイフが、リハビリに良いのではないかと5色のカラーペンと小さなスケッチブックを買って持って来てくれた事がきっかけでした。この時期は前述のように右手足がマヒしていたのでやっとこ描いた絵です。

失行により日付が振られていません。おそらくは2月26日ではないでしょうか。字を書けない感覚はそもそも字を思い出せないのと、手が上手く動かないのとのダブルパンチでした。

猫の色を何でこの色にしたのかは覚えていません（巻頭カラー参照）。適当にとったペンの色だったのかもしれません。そんな事はどうでもよかった気がします。

人間、与えられているものをどう生かすかを考えなくちゃいけないのに、与えられなかったものにフォーカスして悲観して、逃げ道を作りやすいものです。「オレに才能があれば…」「オレの体格が良ければ…」「オレに何々があれば…」つまるところ何かのせいにしていればその方が楽だから、変わるのが大変だから、「自分に何々があればこうなっていた」という可能性に逃げられるから。ここから脱出するには勇気が必要です。勇気なんて何もない所からでも捻り出せます。そう思うか思わないかは自分次第です。

この頃のオレは絵を描くためのペンや紙を、これが使いたいとか、あれが使いたいとか、まだ単純に脳ミソが追い付いていなくて考えられませんでした。与えられたもの、ペンと紙、マヒした右手で純粋に絵を楽しみました。

これって小さい頃はみんなそうだったんじゃないですか？　勇気とは関係なしに純粋な好奇心です。頭でっかちに考えると勇気が必要で動きにくくなるけれど、人間本来は自然に動き出す力を持っていると思います。絵を描く事で言葉が出にくいイライラ感は抑えられましたし、手先を使う作業は何より良いリハビリになりました。

絵のモデルはワイフの実家の飼い猫、チャコです。外にも遊びに行きます。胸のあたりがペンで描き殴られていますが元々はその位置に足を描いてしまい、少し短かすぎるなと思い消した後です。

リハビリとは、リ・ハビリテーションの事で語源はラテン語です。リ（再び）ハビリス（適した状態）になる事を指し、また猿人と原人の中間と言われるホモ・ハビリス（器用な人）が道具を使い人間に相応しいとされ、再びハビリスになるという意味でもあります。確かに猿人と原人の間をこのリハビリ期間中に経てきたような気がします。

理学療法士として働き、普通の人に比べれば圧倒的に多くの時間を、身体が不自由な人達と関わってきましたが、まさか自分が体験するとは思いもよりませんでした。今となっては貴重な体験をさせてもらいました。オレの前では常に優しく、気丈に接してくれ、毎日、お見舞いに足を運んでくれたワイフに感謝しています。

2 CWC チャコ・ワイルド・キャット

日付が2月27日になっていますがこれはワイフの字ですね。サインと2017年という字はズルして2日後に描いた記憶があります。

字がちょっとマシになっています。この2、3日の差で全く変わっているのです。自分で字が書けるようになっています。

後に出てくる零作（77ページ）から含めると3作続けて猫をモチーフにしています。1作目で猫の横顔を描いたら、何だか猫に見えなかったのでそれを不服に思って2作目を描きました。今となっては1作目も味があってよいと思えます。同じモチーフが続いたのは、まあ、早く言ってしまえば性格が粘着質でしつこいのです。

自分で気にいる、気に入らないの境界線はどこかと尋ねられると難しいです。この絵のように後からこれでもいいかと思える場合もありますから。境界線はその時の気分次第なのかもしれないです。ただ基本的に気に入らないと思っているうちは人には見せません。

この少し前の2月23日がワイフの誕生日でした。ワイフに言語療法士さんが書いた「お誕生日おめでとう　みゆき」のお手本を元に何度も書き直して仕上げたメッセージカードを渡すと泣いて喜んでくれました。一発で書くのは到底無理でしたね。

チャコ
田村
2017年2/27(月)

ワイフの実家では代々、外にもお出かけするスタイルで猫を飼っているのですが、現役がこのチャコです。お義母さんはチーコと呼んでいるのですが、ここはよく懐いているお義父さんの呼び方を使わせてもらいましょう。お義父さんは猫をしつこくかわいがるので歴代の猫達にはことごとく嫌われていたそうなのですがなぜかこのチャコだけはよく懐いているそうです。

ちなみにお義父さんは今までの猫も全てチャコと呼んでいるそうです。ガッツ石松の飼い猫の名前「ネコ」よりはましでしょう。メス猫ですが外でケンカして頭に大きな傷があったり、褒めてもらうために玄関に食いちぎった鳥の頭を置いてみたりと、今時、スギちゃんよりもワイルドなのがこのチャコちゃんです。

「CWC　チャコ・ワイルド・キャット」…解る人には解るかもしれません。長年、入場テーマ曲で使っていたミッシェル・ガン・エレファントの楽曲「GWD」のパロディです。「GWD」をテーマ曲にしたのは①イントロの長さが丁度良い。自分のタイミングで入場できる大会では歌詞の始まりと共に歩き出しました。②オープニングの歌詞がカッコいい。うろつく涙払いのけて、そこで何を見ていたのかと。③ミッシェルの中では知名度が高かった。以上の三点です。アガる曲だったというのはもちろんの事です。

入院中、ワイフが持ってきてくれたDVDを観て、若き日のチバユースケがステージ上を跳ね回って叫んでいるのを観て涙が出ました。この入場曲にして良かったです。もうこの曲で戦いの場に上がる事はないだろうけど、この曲を聴けばいつでも勇気が奮い立つでしょう。

3 フクロウオウム

ニュージーランド固有の夜行性のオウム。顔が梟に似ているからこの名前。世界で唯一、体重が重すぎて飛べないオウム。世界で一番長生きのオウム。（推定寿命は60歳の還暦！）

レックと呼ばれる競技場でつがいを見つけるために競い合う珍しい繁殖法を持つ絶滅危惧種。動物ドキュメンタリー番組で知ったフクロウオウムを描いてみました。マニアック過ぎ。これ知っていたらムツゴロウさんばりの動物博士ですよ。

森の中をノソノソ歩いている姿が面白かったのを覚えています。翼あるのに飛ばんのかい！

動物ドキュメンタリー番組とボクシング番組はよく観ますね。初の色鉛筆塗り作品に仕上がっています。これもワイフが色鉛筆を持ってきてくれたから使っただけで、まだこれが欲しいとか、あれが欲しいとか発信していません。あんまり頭が回っていなかったような気がします。

ワイフは看護師さんから「田村さんは訴えが少ないのですが大丈夫でしょうか？」と言われていたそうです。うちのおかあさんは「あの子は、小さい頃、私が何でもやってやったから自分から訴えない子になってるんだと思う」、お義父さんは「そうねえ、手を掛けない子は、何でも自分で訴えるからな」と言っていました。今になってのオレの見解ですが、前述の通りあんまり頭が回っていなかった＋これしきの

フクロウオウム
2017 2月29日

事で忙しい看護師さんを煩わしては申し訳ない（傍から見たらこんな状態なのに）と、使わないでいい気を使っていたような感じがします。

頭や指にはめていたセンサーが夜中に外れて看護師さんが付け直しに来てくれる時にも申し訳なかったと感じていたのを覚えています。たとえそういう仕事だとしても、自分のミスで他人が負担するという事がすごく嫌なのです。そういう時に自分に怒ります。例えば自分が道を間違えたせいで待ち合わせに遅れて相手に迷惑がかかるとか、一緒にいる人の時間を削ってしまうとか。

自分が勝手に間違えて、自分一人がミスを背負っている分には怒りません。仮に他人がミスして自分が被害を被っても悪意がなければ怒りません。こういう性格もあってか団体スポーツを観るのは好きなのですが、気を使いすぎるので自分がやるのは嫌です。自分のミスも成功も自分が負担する個人競技が性格的にも向いていました。

これを描いた頃はまだ半側空間無視の状態にあったとワイフのノートに記されています。日付が28日と振られています。29日に見えますが２０１７年は閏年ではないので28日でしょう。それとも頭がおかしかったかのどちらかでしょう。この頃からやっと字が書けるようになっています。

半側空間無視とは右目単体では物が見えるのですが、両目でぼんやり眺めると右側の視界が欠けて見える状態です。その欠けている右側に人の気配を感じたりして…後から考えると「本怖っ！」。

目を閉じるとカラフルな砂嵐が右側に消えていくように見えました。これも症状の一つのようです。自然になくなり今はもうありません。半側空間無視の時は字を読むのが大変でした。病棟に漫画「こち亀」が置いてあり読んでみたのですが、全く字が追えず、頭に内容が入ってきませんでした。

みんなが心配している時に、呑気にこんな絵を描いているのですから全くしょうがない奴ですよね。オレはつくづくフクロウ・ニンゲン（不苦労人間）だと思います。人から見た苦労と、本人の苦労は当たり前ですが違います。同じ自分でも人から見た自分と、自分自身は違うのです。出来事をどうとらえるかは自分次第です。

動物には迷いがない、そこが魅かれる部分でもあります。フクロウオウムも危険だと解っていても森を縦断する。解っていてもやるしかないのです。思えば自分が戦いの場に上がる時も同じだったのかもしれません。

4 優しい虎

ワイフが持ってきてくれた「動物園の動物」というハンドブックを元に描きました。後ろ脚の部分が見切れていたので後から別の写真を見て付け足したら随分と小さくなってしまい、それもあってシュールな感じに仕上がりました。動物園の動物を描いたので優しい感じになったのかもしれません。絵はそういうのが出るのですよね。

聖路加病院にいた1か月間は脳の浮腫みが落ち着くまでの期間で頭痛が酷かったのを思い出します。朝は頭痛で目を覚まし、薬効が切れてくるとまた痛みだし、次の薬の時間まで耐えるという繰り返しでした。

この日のワイフのノートには、「複視あり、視野が狭いが治る過程。視力がもしも悪くても眼鏡を掛ければ大丈夫。あきとし『リハビリの時に曜日がわからなかった。今日は何曜日だっけ？』敷地の屋上を利用して作ってある庭を一緒に散歩した」。

落ち着いてきていますね。入院してしばらくは突発的に泣いたりしていましたが、基本的にはニコニコして赤ちゃんのようだったと言われています。この時期に描いたからこんな絵なのかもしれないですね。人間も動物も基本的には優しいのではないでしょうか？　オレは性善説を信じます。

27年3月1日
トラ

5　3月のライオン

ハンドブック動物園の動物からの作品です。初めて朝と夜に分けて1日2枚の絵が描けました。何をしてもすぐに頭が痛くなっていたのでよく2枚も描けたねと驚かれました。

ちょっと小奇麗でオシャレな感じに仕上がっていますね。閃きで赤のマジックペンと茶色の色鉛筆で仕上げました（巻頭カラー参照）。

百円ショップの額縁ですが入れると額映えします。最近の百円ショップはスゴイの一言です。大量生産のなせる技なのでしょうが、とても百円以下で作られているとは思えないクオリティの高さです。

お世辞の言えない、お義父さんの手打ち蕎麦を不味そうに食べてしまう画家の友人に、この絵はTシャツにしたらいいと言ってもらえました。

閃きに従う、これはなかなかに難しい事なのかもしれないです。でも訓練する事も可能ではないでしょうか。そしてきっとうまくいくでしょう。何だか怪しい宗教みたいですね。田村教。

2017年3月1日.
ライオン

6　蛭子さん

タレントの中で蛭子さんは好きですね。考え方にも共感します。

以前、格闘技ライターの友人から頂いた蛭子さんの日めくりカレンダーから絵柄を選んで描きました。少し前に松岡修造の日めくりカレンダーが流行りましたが、断然こちらをオススメしますね。深みが違います。

偶然にも転院先のリハビリ病院で作業療法を担当してくれた若い女性も蛭子さんのファンでした。この日めくり蛭子カレンダーを友達の誕生日にプレゼントしたら反応薄くて寂しかったと…。1か月間は答えるのが大変だった記憶があります。ズルしてこの蛭子カレンダーを見ながら答えた日もありました。

ワイフのノートには3月3日、「手術をしてくれたドクターの診察。あきとし『サンドバッグ叩いてもいいですか？』『割り算できないなぁ』部屋で自主トレを始めた。スゴイ。私を見ているけど昔の目ではない。戻るかな？今は違うね…」。

診察ではまだ頭のオカシイ様子が見えますね。自主トレに関しては部屋の中を前歩き、後ろ歩きしてみたり、イスからの立ち座りをしてみたり、イス掛けで膝の曲げ伸ばしをしてみたり、そんな事をひた

2017.3.3
蛭子能収

すらやっていた気がします。それまではリハビリの時間に力が出なくなるような気がして、あまり自主トレをしないようにしようという訳の解らない理論立てをしていましたが、この日からやっぱりやんなきゃダメだと思い直した記憶があります。

昼間も寝た姿勢で過ごしていたのですが、座る事が多くなりました。別に焦ったりはしていなかったのですが、身体を動かさなきゃなって意識になりました。というかそれまでは動かせなかったのでしょうけど。たまに突発的に泣くが、基本的にはニコニコしていて赤ちゃんのよう、そのあたりが昔の目ではない。今は違うね…だったようです。

蛭子カレンダー28日、「答えを出すのは、結局自分自身でしょ。オレ、人に相談した事ないんですよ。自分一人で考えて解決しますね。誰かに相談して答えを貰ったとしても、それは結局〝他人の答え〟。ずっと疑問に感じると思う。答えが正しくても、正しくなくても、自分で出した答えじゃないと納得しないし、本当に解決しないと思いますね。人に聞くより、自分で考えた事を実行した方がいいですよ。」蛭子能収

深い言葉ですね。自分が患者さんや後輩に掛けていた言葉がどうだったのだろうと自省します。偉そうに答えを押し付けていたのではないのか？　自分が何かを教えるなんて事はおこがましいです。他人にしてあげられるのは全てアドバイスの範疇です。「結局、答えを出すのは自分自身でしょ」もちろん、誠実に応えますがアドバイスをする側には心が休まる言葉です。押し付けたり決めつけたりしなくてい

いのです。その後の相手の責任まで負わなくていいのです。

オレが自主トレをし始めたのも結局は自分の出した答えだったわけです。それまではこういう自主トレをした方がいいですよとか言われても結局はピンとはきていなかったのです。自分の訳の解らない理論立てを押し通してやらなかったわけです。

もちろん、誰かの言葉がきっかけになる事はいくらでもあるでしょう。誰かに相談して話を聞いてもらう事で自分の意見がしっかり見えてくる事もあります。「でも最終的に答えを出すのは自分自身」、アドバイスをする側にとっては気楽な言葉ですが、アドバイスを受ける自分にとっては重い言葉です。

結局、何をチョイスするのか、してきたのかは自分だから、その責任は全て自分で負うという事ですから。「あの人のアドバイスの通りにやったから失敗した」なんて逃げ道はなくなる訳です。でもオレは断然それが良いと思います。そんな蛭子さんの著書に『蛭子能収のゆるゆる人生相談』というのがありますが、こんな蛭子さんの人生相談ですから他人の事となるとテメーの事はテメーで決めろよというスタンスでテキトーに答えているのでムチャクチャで面白いですよ（笑）。

最後にもう一つ、蛭子カレンダー30日は「生きるためにオレには奥さんが必要」…オレも全くその通りですね。

7 マイク・タイソン

タイソンは買ってきてもらった雑誌のボクシング特集号を見て描きました。

3月4日は聖路加病院を転院する前々日で担当してくれた看護師さんから手紙を貰いました。着ていた漫画「グラップラー刃牙」のTシャツを見て「男兄弟がいるので私も読んでいましたよ！」と話してくれたのが印象的な看護師さんです。若くて、可愛くて、「グラップラー刃牙」を読んでいたなんて素晴らしい娘さんですね。ワイフが返事のメッセージカードを書いてくれて、その下に「転院してもリハビリ頑張ります！」と書き添えました。

ワイフのノートには、「あきとし、ご飯の咳き込みなし。口が回らない感じがする」。この頃は大分マシになった頃だとは思いますが口の中も右半分がマヒして感覚が鈍く変な感じでした。左の歯だけで噛んでいたので、右でも噛んだ方がよいとよくワイフに言われました。元々、滑舌はよくない方ですがもっと悪かったですね。

この日に病院内にある床屋さんで散髪してもらいました。この時は髪を伸ばして傷を隠そうかとも考えていましたが、後に毛の流れが反対向きという事が解り断念します。期せずしてマイク・タイソンと

2017・3・4
マイク・タイソン

同じ所に剃り込みがあります。豆知識ですがタイソンはケガの傷ではなくオシャレで剃り込みを入れていたそうですよ。

タイソンのドキュメンタリーを2本観ました。1つは1992年、東京ドームで初黒星を喫するまでの栄光の軌跡、もう1つは黒星からリング内外でのどん底、引退、人間として立ち直るまでの姿が描かれていました。

上り調子のタイソンの入場シーンはカッコいいですね、アップで汗だくになってガウンは着ず、機械のノイズ音で入場してきます。コメントもビックリするくらい謙虚です。オレがまだ小学生の頃ですね。小学生でも知っていてスポーツ新聞にはファイトマネーを試合終了までのパンチの数で割って、一発換算、うん億円と書かれていたのを覚えています。小学生であんまり頭が良くなかったのかタイソンのパンチを一発くらえば、うん億円ももらえるのか…でもあんなのをくらったらヤバイな、と思っていました。

他にも任天堂のファミコンで「マイク・タイソンのパンチ・アウト」というソフトがあって友達と遊んだ記憶があります。マリオがレフェリーで自分が動かせるボクサーは身体が赤くなると必殺パンチを繰り出せるのですが、これがなかなか難しかったですね。最後のボスでマイク・タイソンが出てくるのですがオレはそこまで行けませんでした。タイソン本人がファミコンのタイソンと対戦する企画を見ましたが、ファミコンのタイソンにKOされていましたよ（笑）。

マイク・タイソンは日本の小学生男子なら誰でも知っている、その位に知名度がありましたね。少年ジャンプで連載されていた不良漫画の「ろくでなしブルース」だって脇役のキャラクターはみんな日本人ボクサーから名前をとっていましたが、主人公の名前はマイク・タイソンをもじった前田太尊でしたからね。

タイソンは生き方に不器用で、軽率で乱暴者なところも多々ありますが、根は優しい人間だったのですね。ハトが友達だったのですもの。そこに付け込まれて悪い奴にたかられたり、利用されたりもした、6年間もカウンセリングを受けていたなんて知りませんでした。

カス・ダマトは偉大なトレーナーでしたが、それでも本当の意味でタイソンを自制できる人間には育てられなかったのですね。ドキュメンタリーの最後は更生して穏やかに暮らせていたので良かったです。

最後になる試合の前に奥歯が滲みるので歯医者に掛かっていたのですが、その時に歯を食いしばり過ぎているから表面のエナメル質がなくなっていると言われました。思えば高校の部活から約20年間、格闘技をやって歯を食いしばって生きてきたのですね。

食いしばり坊、万歳！

8　マニー・パッキャオ　VS　ブラッドリー

日付を書き直していますが3月4日の夜に描いたものです。何でパッキャオの輪郭を青で描いたのかは覚えていませんが、良いアクセントになっています。ブラッドリーのやられ具合が酷いです。左胸にある横を向いたグローブの入れ墨まで細かく描いています。

夜に描いたので、ワイフの次の日のノートには、
「初めて病院隣の聖路加タワーまで散歩する。ふらつくのでゆっくり歩く。もっと歩きたかったと足踏みの練習をしている。言葉が出なく、もどかしかった時期を覚えている。『痛み止めください』を『オムツ下さい』と言ったと話してくれた。」

これは覚えています。頭が痛いのに薬と言えず「オムツ！」と叫んでヘルパーさんにオムツの端をきつくされました。ヘルパーさんには申し訳なかったし、精神的にもダメージ強めでしたね（笑）。

マニーパッキャオ
VS
ティモシーブラッドリー
2014.4.12

9 修斗伝承

日付が２００８年５月３日になっていますが、これは試合をした日です。描いた日は２０１７年３月５日です。

思い入れのある試合でベストバウトに挙げてくれている人もいますが自分でもそう思います。

まだ下書きをせずにペンで一発描きしているのでシュールな感じに仕上がっています。ワイフの顔が鈴木その子っぽい、オレの顔もゾンビみたいになっています。自画自賛ですが、これはこれで味があって良い気がします。道場生が撮ってくれた写真を元にして描きました。

ボコボコの顔ですがリングサイドでニッコリ笑っている写真です。バックにはリングが写っていて、構図もよく、二人ともカメラ目線じゃない所も自然でいいなと思い気に入っています。

この写真はアルバムの表紙にしています。引退セレモニーの時の煽りＶＴＲにも使ってもらいました。

こんな絵ですけれども、弟の息子はこっちが「にいに」でこっちが「みゆきさん」でしょ？と話してくれ、さすが我が甥っ子ですね。２０１７年、小学一年生の甥っこはオレの現役当時は相撲も怖がって見られなかった位なので一度も試合を観に来た事がありません。この後、引退セレモニーにだけには来てくれました。入院中にママと千羽鶴を折ってくれたり、夜一人で寂しくないようにとミニーマウスのぬいぐるみをくれたり、心優しき少年です。

2008.5.3
ルミナ戦
TDC.ホール
ありがとう。

ゾンビになった顔は実際にスゴイ事になっていました。目と鼻の間に位置する篩骨が折れていたのです。試合後、目が腫れている時は鼻を噛んではいけないというのがあるのですが、忘れて鼻を噛んだ瞬間に目玉が飛び出る感じがしたので慌てて押えました。手術する必要はなく保存療法で治りましたが、これ以降は右目の視力は0.1～0.3と極端に落ちました。左目は1.2位あるのでガチャ目ですね。

試合背景は修斗ライト級のベルトを落としてからすぐ1カ月後に組まれた〝修斗のカリスマ〟レジェンド佐藤ルミナ選手との一戦です。当時、水道橋に新しくできたＪＣＢホール（現ＴＤＣホール）での修斗が主催する柿落し興業でした。修斗伝承のタイトル通り、プロモーターはこの大会に力を注いでいました。

民放の深夜番組でもルミナさん、マッハさんを中心に少しだけ放映されました。ルミナさん中心でもいいのです！　オレはルミナさんで修斗を知ったし、修斗はルミナさんが引っ張ってきたのですから。雑誌ではタレントの関根勤さんが大きな筆で書いた修斗伝承の巨大な書画を1名様にプレゼントという企画をやっていました。それに道場の後輩が応募して大当たり！　その書画を額装して、サプライズでプレゼントしてくれました。修斗伝承の書画の1つは修斗ジム東京に飾られていて、もう1つはなんと家に飾られているのです。これには関根勤さんもビックリでしょう。

試合の一週間前、追込み練習で何ラウンドやったか忘れましたが、途中で髙谷さんにパンチを効かされ、フラフラになりながら全ラウンドを消化した瞬間に泣きました。殺人パンチでスパーリングを途中で辞めようかと思いましたから、練習で泣いたのはこの時とデビュー初勝利を挙げた、プロ2戦目前にした九十九里夏合宿終了時の2回だけです。みんなより1日早く前乗りして走り込みから始まったこの合宿、この時も最後はヘトヘトでやっと終わったと思った瞬間に涙が出ました。

勝利者インタビューでコメントしました。

「ベルトはなくなったけれど、格闘技が好きな気持ちと仲間がいるありがたさを忘れずに頑張ります」

当時を思い出し、夜中に泣きながら絵を描きました。看護師さんの見回り時間とズレていて良かったです。泣きながらこの絵を描いていたら結構ヤバイ奴ですよね（笑）。

10 転院　自画像

命を救ってくれた救急隊員と聖路加病院スタッフ様方には感謝しきれない思いです。てんかん発作を起こす前にお見舞いに来ていただいた皆様にも厚く御礼申し上げます。

自分ではしっかりしているつもりでしたが今から思うと全然ダメでしたね。何せフラフラしてまともに歩けていませんでしたから。

「言ったら悪いですけど、話もトンチンカンで話し方もしっかりしていなかったですよねぇ」、転院先のリハビリ病院の作業療法士さんにも後々言われました。転院して家から病院が近くなり、おばあちゃんがお見舞いに来てくれました。「元気そうで良かったぁ」と言ってくれ、会ってからかなりの時間差で傷に気が付き、「その傷はどないしたんや！」と言われた時には笑ってしまいました。

自画像ですが鏡を見て描いているので傷が反転しています。この時は上手く描けたと思っていたのですが、今になって見返すと顔に生気がないですね。絵は如実に表れるなと感じました。蛭子さんの絵より生気がない。

初めは転院せずに退院する気でいたのですが、あと2カ月間はみっちり早期リハビリした方が良いと聖路加病院のドクターに話してもらい覚悟を決めました。「やるなら今しかねえ」迷わないですぐに決めました。大体においてあまり悩まない方ですね。

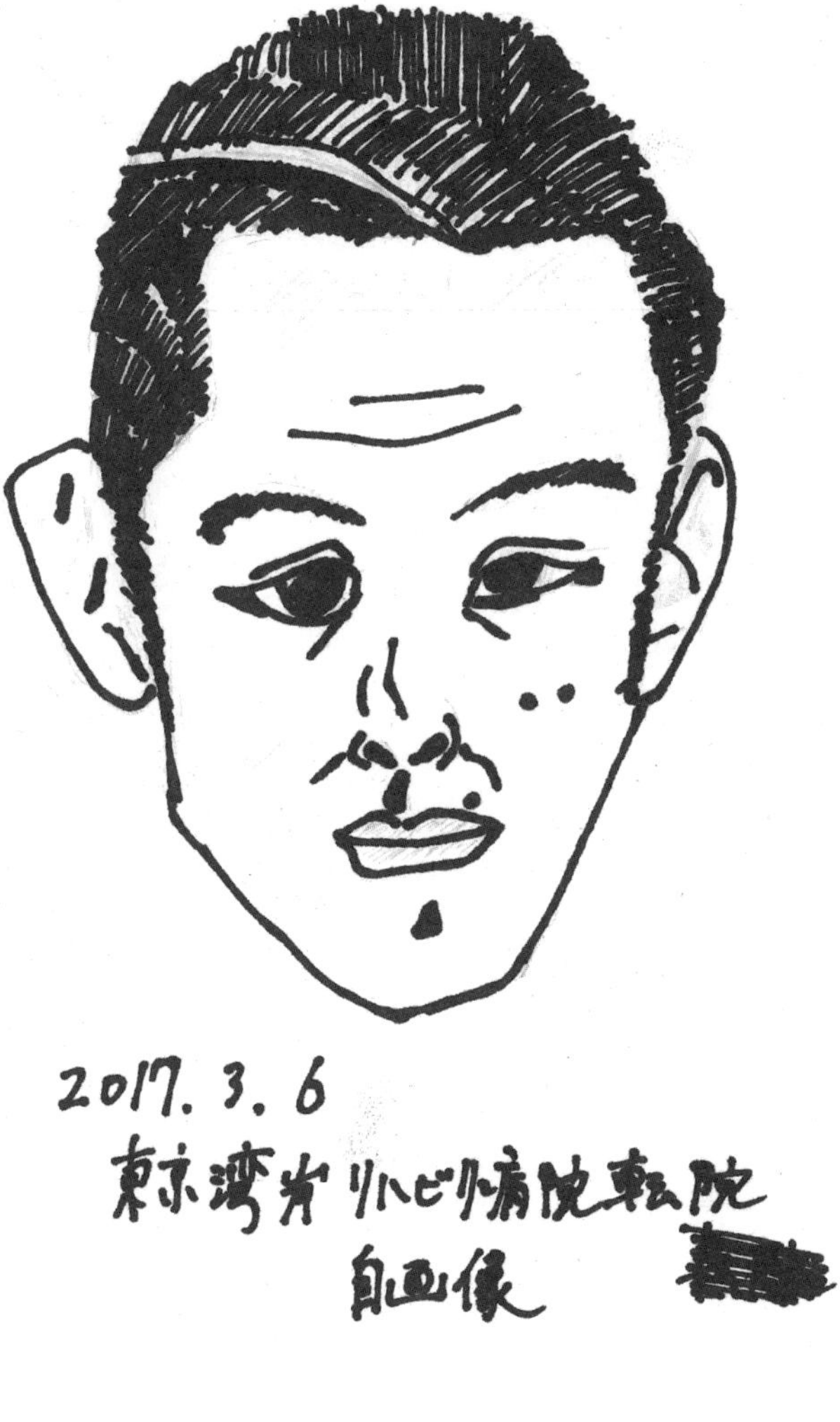
2017.3.6
東京湾岸リハビリ病院転院
自画像

11 ハワイアン

3月7日、転院翌日のリハビリ病院ではいろいろな検査から始まりました。

ワイフのノートには「肝機能やや高い、夜間頻尿。CT検査、脳浮腫まだあるが軽減の余地あり。理学療法でフロア内をよく歩く、早歩き。言語療法は長谷川式認知症検査『さ』の付く言葉を思い出して列挙、野菜の名前を思い出して列挙、動物の名前を思い出して列挙。作業療法で入浴動作のチェック」と書かれています。

この作業療法の入浴動作チェックというのはよく覚えています。オレより10歳若い20代半ばの作業療法士さんと実習生でさらに若い女の2人に見守られて風呂に入りました。若干ふらついていましたからね。一部の変態野郎なら逆に興奮しそうなシチュエーションですね（笑）。1ヶ月ぶりの湯船が気持ち良かったのを覚えています。

絵は弟の結婚式でハワイ島へ行った時の写真を元にして描きました。ワイフが昔の事を思い出すと脳に良いと聞いたらしく、古い写真をたくさん持ってきてくれたのでその中から選びました。入院期間中に蛭子さんやパッキャオを描いているのだから、ワイフの事を描かなかったら、後からワイフや身内に

2017.3.7

何でそんな絵ばかり描いて毎日世話してくれている奥さんを描かないんだって非難されそうな気がしました（笑）。というのは冗談で、ワイフの事も描いておけば良い記念になると思い描きました。

水で伸びる色鉛筆で初めてそのように使ってみた気がします、なるほどこれは良いです。広く塗りたいところは多少、雑でもいいからさっと塗っておくと後からうまい具合に水で伸ばせます。濃さを足したかったら後から塗って足すこともできます。2色重ねて塗っておけば水で伸ばした時に混ぜる事も出来ます。これは発見でした。水で伸ばさないで色鉛筆だけで着色しようとすると、際の所まで集中して色塗りをしないといけないし、色の濃淡をある程度均一に保とうとするとその範囲の部分だけ塗り込まなければならないので意外に手間がかかります。色を伸ばすのは簡単にできますし、伸ばした部分も独特の味が出て良いです。

元にした写真の土地はハワイと言えばオアフ島が有名ですがハワイ島です。ハワイ島の方が自然豊かなのですよ。服の色や模様はアレンジしています。本当は白い上着だったかな。背景を塗らない予定だったので服を塗りました。

ワイフは横顔の鼻が魔女みたいだと子供の頃にからかわれたので嫌だと話しますが、個性的で良いと思います。よく外国の通貨に偉人の横顔が描かれていたりしますが、あれは横顔には個性が表れるからではないでしょうか。人間はそのままで十分に魅力があります。味があります。絵を描く時にはそのまま描くというのも大事にしています。変に装う事はないのです。自分の横顔は見る機会がありませんが、今度は自分の横顔の自画像も描いてみたいですね。

ハワイ島で一番の思い出は弟には申し訳ないのですが、先が見えない程広い牧場で放し飼いの馬に乗った事です。オレが指示を出して馬を走らせたという感じではなく、現地のおじさんの乗る馬にどの馬も適当について行ったという感じです。何にも指示していないのに馬が突然走り出したりして、あれは楽しかったです。

『今日は死ぬのにもってこいの日』というインディアンの日常を書いた本があります。「人間を癒すのは自然と動物だけ」作中にそんな件があります。その通りだと思います。昔から変わらないのは自然の方なのだから。ちなみにタイトルは解ると思いますが、自殺を勧めているわけではなく、毎日を懸命に生きていれば、いつ死がやってきてもよい、動じる事はないというメッセージです。馬を降りた後、虹が架かっていてキレイだったな。

12 ヤー

ワイフのノートから、夜間頻尿が2回に減る。2回でも多いですが、もっと多かったですからね。多い時は2時間に1回はトイレに行っていました。術後に尿道カテーテルが少しの間入っていたからかもしれません。おしっこが気になってしょうがなかったです。

理学療法で最寄の駅まで歩く。初めて外を歩きました。ランチ特別メニューの台湾混ぜご飯を注文。近頃の病院は凝った料理が出てくるのですよ。病院の料理は美味しかったですね。塩分やカロリーに制限がない人はプラスいくらかで特別メニューを3種類の中から選べました。中でも週一で必ず出てくるカツカレーは美味しかったですね。

作業療法で立方体のテストが満点。スゴイ。これは対角線で2色に塗ってある6面を持つ立方体を数個組み合わせて一枚の柄を作るというテストで、聖路加病院でやった時は少ない数でも参ってしまっていたのですがこの時は立方体の数を増やしても素早くできるようになっていました。これがスゴイの感想だったのでしょう。言語療法ダメだった。言語療法のテストは難しかったですね。たぶんもともと苦手な分野なのでしょう。後にテストを見学したおやじさんは「難しいな、ワシでもできんわ」と感想を述べていましたし、うちのおかあさんの感想は「あきとしの実力は元々、ケガをしていなくてもこの程度でしょう」（笑）

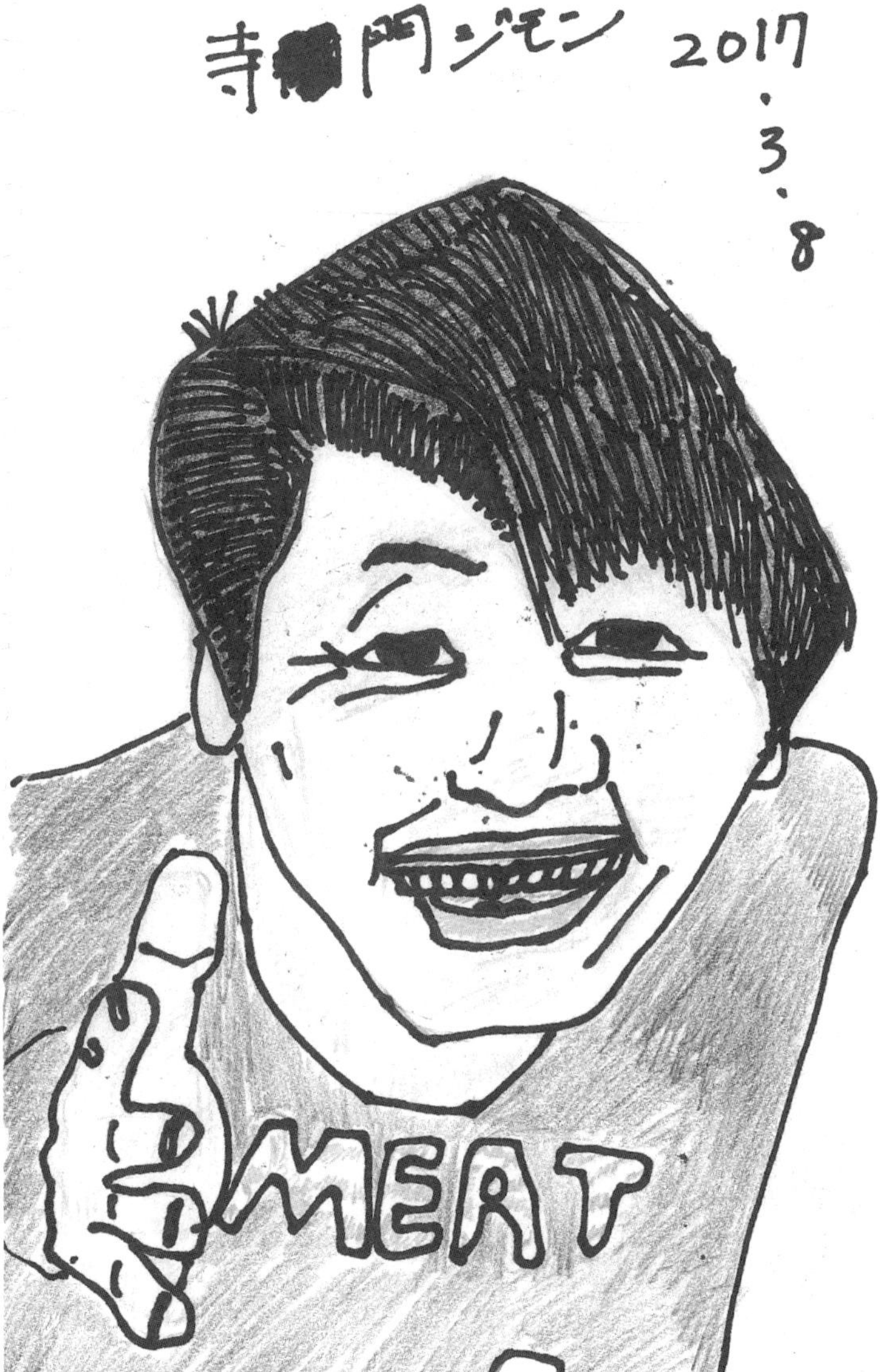
寺[redacted]門ジモン
2017.3.8
MEAT

毎年、渋谷東急でジモン主催の「肉フェス」なるイベントが開かれています。その時に撮って貰った写真を元に描きました。ダチョウ倶楽部のギャグが流行ったのは小学生の頃、みんなで「ヤーヤー」言っていました。それから、もう25年、息が長いですよね。なんだかんだいって仲が良いのでしょう。

近年は一人一人の個性でも売っています。ジモンは食通で筋トレ好きのワガママというイメージですよね。実際に食にこだわる人はワガママなイメージがあります。うちのおやじさんがまず頭に浮かびます。一緒に撮った写真は頼んでないのに「ヤー」のポーズを決めてくれました。一緒にやれば良かったな。現地で買った「ミートTシャツ」にサインをしてもらいました。買ったはいいが着る機会がないと思っていましたが、サインが薄くなっても普通に着ればいいですね。

「誰が何と言おうと食いたいものを食う！」精神は格闘技に通じるものがあると感じます。食欲があってこういう精神の人に強者が多いです。エネルギーが強いのです。

もう一つ、ダチョウ倶楽部と言えばいくつになっても体を張った芸風で知られます。体を張った芸人が好きです。別に体を張らない芸人を卑下するつもりはありません。ですが反対に「あいつらは何もできねぇから体張ってんだよ」という言い方はしないで欲しいですね。「じゃあ、お前も体張ってみろよ」と言いたくなります。彼らは決して楽をしているわけではないのです。年末の上島軍団VS出川軍団なんかは最高ですね。竜ちゃんも描こうかな！

13　根津神社つつじ祭り

ワイフのご両親と一緒につつじ祭りに行った時の写真を元に描きました。マジックでアウトラインをなぞっていたら鼻の穴のところでインクが出過ぎてしまい北島三郎みたいになってしまったので修正液で直しました。

夜に時間があったのでテレビを見ました。平日のゴールデンタイムに普通にテレビを見るのは久しぶりでしたね。プレバトという番組を見ましたが好きになれなくて消しました。この番組は俳句、生け花、水彩画等を芸能人がやって才能があるかないかの査定や階級を決めるというものです。元も子もない話ですが、芸術ってそういうものではないと思うのですよね。プロになればなるほど自己評価と他者評価が付きまとうものですが、一流になるほど、他者評価を気にしないのではないでしょうか。

出来ればこういう番組もみんなの作品を褒めるところだけ褒めて、多数決でこれはいいねという作品を決めるぐらいにして、作品をけなして笑いを取るような事はしないで欲しいですね。どんなものでも一生懸命作った物はその人の味が出ていると思うんです。

ワイフのノートは毎日綴られていました。3月9日、MRSA（メチリン耐性黄色ブドウ球菌）陽性。自己免疫でやっつけて！　個室で良かった。アロマオイルで免疫力アップ！　発熱はなかった様子なの

2017
・
3
・
12

で保菌者だったようです。感染予防のためマスク着用と消毒をするよう言われました。ワイフがアロマテラピーのグッズを持ってきてくれました。マヌカハニーという抗菌作用のある野生の蜂蜜も持ってきてくれて舐めました。再検査では陰性で良かったです。

理学療法で谷津干潟の公園まで750メートル外歩き。両足ジャンプ。この頃は大分まともに歩けてきていました。聖路加病院を退院する6日頃までは右腕の感覚がおかしく、意識して自分で右腕を振っていました。一時的なマヒの影響で意識しないと腕が振られなく横についたままでした。作業療法で腕回しと線つなぎ、言語療法は何をしたか忘れちゃったよ↓後から思い出す。数字の逆唱、数字なぞり。

3月10日、院内を自由に歩いてよくなる。それまでは誰かの付き添いが無いと歩いてはいけませんでした。

作業療法、3キロのダンベルで体操。自主トレでエアロバイク。腕立て伏せ3回。3回しか出来なかったのですね。むずむず脚症候群、寝つき際にこの症状に陥りました。一時的にマヒして動かしにくかった右足ではなく反対の左足が、動かさずにはいられなくなる不思議な感覚になり、ビクビクと勝手に動きました。てんかん発作の痙攣を思い出して怖かったです。自然に治まる事が多く、なかなかタイミングよく診てもらえなかったのですが、症状が出た時に意識がはっきりしている日があったので、すぐにナースコールを押して夜勤のドクターに診てもらいました。この症状名を教えてもらい「てんかん発作とは関係ないから大丈夫」と言ってもらえ安心しました。

それからというもの症状は徐々に軽くなっていきました。不安の影響も大きかったのかもしれません。

「格闘技の写真とライターの仕事をしている佐佐木さんの記事を読む。たくさん写真を撮ってもらっていてカッコ良かったよ…泣けてきた」（ワイフ）

入院して1ヶ月が過ぎ、スマートホンが使えるようになりました。みんなからの連絡がたくさんあり心配をかけたとしみじみ思いました。軽く炎上気味で返信が大変でした。ワイフが帰った後にスマートホンをいじりだしたのですが、この1ヶ月間、毎日のようにワイフがオレ宛てにラインのメッセージを送ってくれていた事に初めて気が付きました。その文章を読んで、夜の部屋で一人号泣しました。すると突然部屋のドアが開き、ワイフが忘れ物を取りに入ってきて笑われました。

「看護師さんじゃなくて良かったねぇ」

ホントにありがと。

14 オレの太陽

太陽を擬人化し、ワイフの顔と合わせた絵です。長渕剛に同名タイトルの歌があります。長渕剛好きは周りにたくさんいて、年末には長渕剛しか歌ってはいけないカラオケ大会を開催します。「傷つき打ちのめされても２０１X年、長渕ナイト」これが面白くて何時間でもいけちゃうんですよ！　ケガした年は開催しなかったので、またやりたいですね。

後輩のマサトが、歌が上手いんです。長渕剛は「ガンジス」など長い歌も多いのですが、ずっと聴いていられます。マサトはオレ達夫婦の結婚式で新郎新婦退場の時にかかった「ホールド・ユア・ラストチャンス」でメチャクチャ泣いていました（笑）。後で「他に泣くところ、いくらでもあっただろ！」と突っ込み入れました（笑）。

ワイフはオレが何でも話せる、この世で唯一の人なんじゃないかな。ワイフは「私の方が年上なんだから先に逝かせてもらうよ、悲しくなりたくないから」とよく言っています。

この絵は小学5年生の1年間だけ通った絵画教室の先生に向けて描いた絵手紙です。引っ越してしまったので絵画教室は辞めました。

「2月の試合で打ち所が悪く開頭手術しました。今は元気になってきています。ご心配なく」と文章を添えています。先生はワイフも知っていますので絵については特に説明書きはしていません。

この絵手紙が届き大変驚かれたそうです。当たり前ですよね。普通は自分の絵を描いてもいいところ

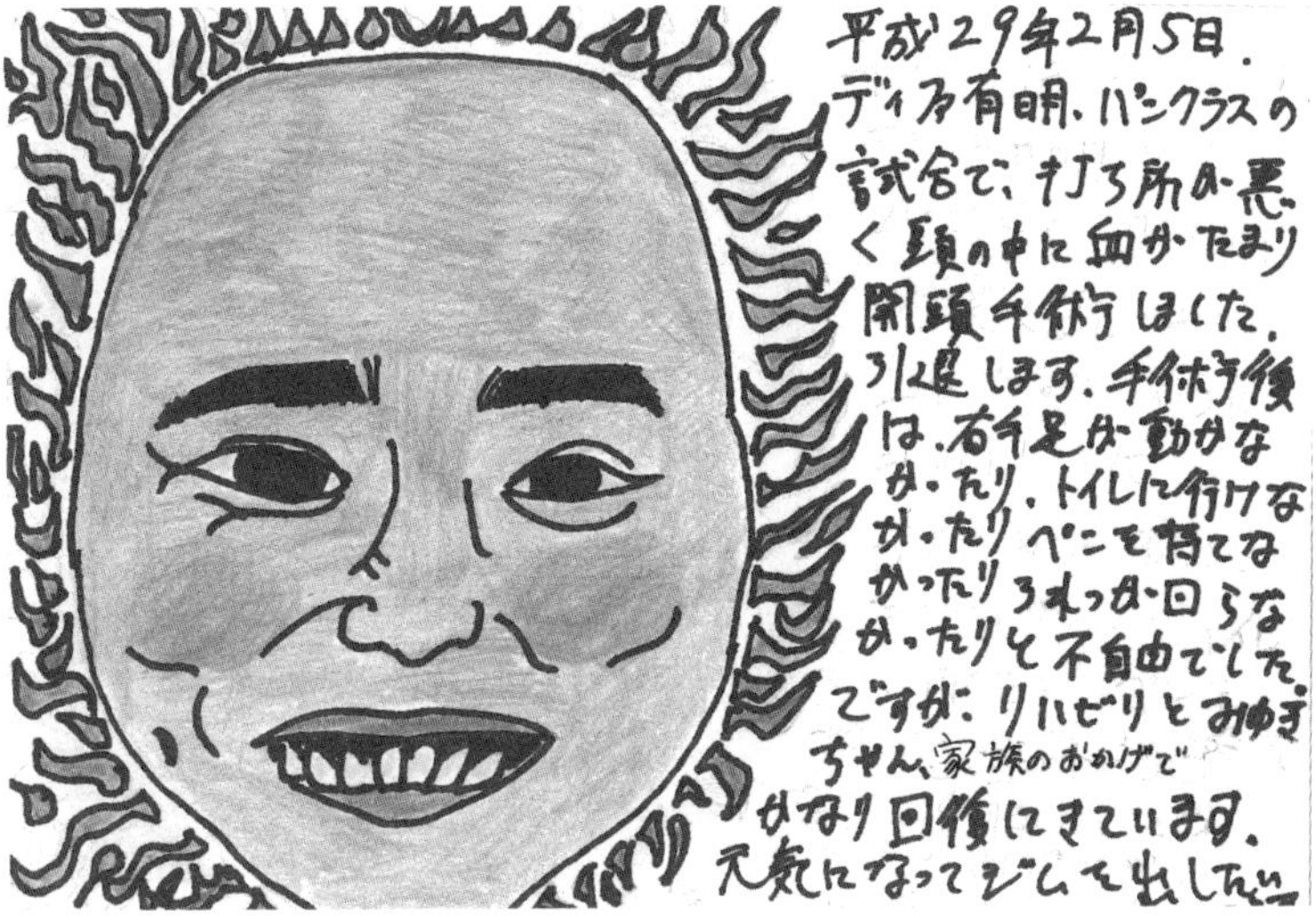
平成29年2月5日.
ディファ有明、パンクラスの
試合で、打ち所が悪
く頭の中に血がたまり
開頭手術しました。
引退します。手術後
は、右手足が動かな
かったり、トイレに行けな
かったりペンを持てな
かったりろれつが回らな
かったりと不自由でした
ですが、リハビリとみゆき
ちゃん、家族のおかげで
かなり回復してきています。
元気になってジムを出したい

ですけれど、感謝の気持ちを込めてワイフの絵にしました。毎日会う病院関係者以外の人はワイフだけでしたから、近況報告のモデルに相応しいでしょう。

顔と太陽を重ねて斬新な絵に仕上がりました。先生とは今も交流があり、二科展を観に行かせてもらっています。子供の絵の展覧会にも予定が合えば行かせてもらっています。

3月11日から自分で日記を書いています。練習日記をつける習慣があったので家から持ってきて貰いました。スポーツをしている人が日記を付けるのは有効です。それだけで確実にレベルアップします。練習でやった事、出来なかった事、次の練習でトライする事、今日出来た事を順に書くだけです。順番が大切でポジティブに終わるのが大切です。

オレのように特に飛び抜けたセンスを持ち合わせていない選手には有効だったように感じます。向き不向きはあるでしょうし、続けられるのも才能のうちなのかもしれません。スポーツマンでなくとも、自分の気持ちや行動の整理になるのでオススメです。読み返す必要はありません。この場合は瞑想に近いものかもしれません。

3月11日から15日は理学療法の時間に公園でダッシュができるようになったり、言語療法ではランダムに唱えられた長さが様々な数字の羅列の下3桁を復唱したりと、ちょっと難しい訓練もしていました。まだ頭痛があったし、短い距離でも日に2度の外出があると極端に疲れがありました。夜はトイレによく起きましたし、その後に眠れなくなると不安な気持ちになるので嫌でした。ワイフが足浴をしてくれたり、お腹に当てる電気アンカを持ってきてくれたりしてからよく眠れるようになりました。

スマートホンの操作にも慣れてきた頃、夜中に自分の最後の試合を観ました。「かなり打ち込まれたのに倒れなかった」「ゾンビみたいだった」「ハートの強さを見た！」と言ってくれた人がたくさんいましたが、自分で観た感想は負けたせいもあってか「全然、面白くねぇな」でした。

退院後、修斗のリングドクターと話す機会があり、言われました。

「てんかん発作を起こしているのに、自分の試合なんて観たらダメだよ！刺激が強すぎる。でも、その辺はファイターなんだよなぁ」

15 「ノートの隅の猫」と「荊冠のジーザス」

最後の試合、２０１７年2月5日から1年が経ちました。身体は十分動くようになりました。一見、どこも悪くないように見えますが初めての人、初めての場所等に順応するのが苦手で疲労感が強く、その日は良いのですが次の日に一日中寝てしまう、そんな事が多々あります。疲れすぎはてんかん発作のリスクが高まるのでよくないのですが寝れば治るので慣れていくしかないですね。

退院後、初めての冬を迎え、寒さによる血管収縮、それによる頭痛、眠気もあります。入院中にワイフの勧めでスケッチブックに絵を描きだしたのが２０１７年2月26日からで振り返って文章にしているのもこの頃からです。今まで記録に残していない試合直後から絵を描き始めるまでを綴ります。

試合直後、ＫＯ負けして仲間に担がれて控室に戻ったオレは激しい頭痛を訴え、口から血を吐いていたそうです。おそらくは無意識に飲み込んだ血でしょう。

セコンドの渡邊コーチに病院に行くかと問われると「救急車を呼んでください」、そう応えたそうです。記憶はありません。渡邊コーチは根性ある田村君が救急搬送を頼むなんてただ事ではないと察知し、すぐに手はずを整えてくれました。

救急隊員が到着し、脳外科がある病院と判断し聖路加病院に搬送されました。初めは検査だけはするが、入院できないという話だったそうですが、緊急手術が必要という判断になりベッドも空けてもらえ

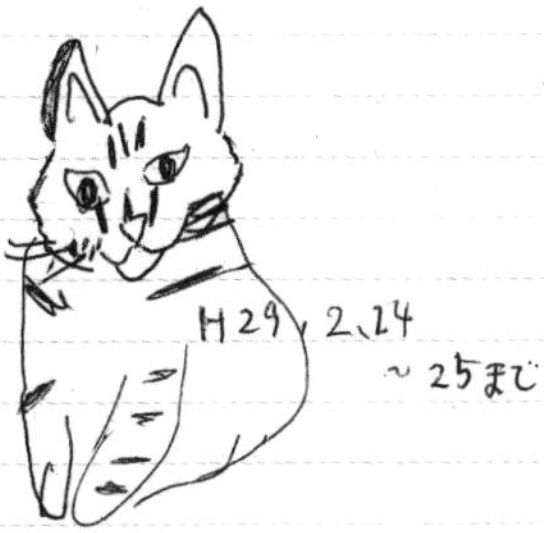
H29, 2, 24
~25まで

ました。幸運でした。この判断が生死を分けました。有明救急には後に感謝状を書きました。

聖路加病院に入院していたのでキリストの絵を描きました。荊冠を被っています。荊冠ですが天使の輪にも見えます。

入院したての頃は頭痛が半端ではなかったですね。脳のむくみが取れていく過程だと言われました。薬が効いている数時間はいいのですが切れかかってくると強い頭痛に襲われました。次の薬を飲むまでの間がつらかったです。まるで子供の様に「イタイイタイ」と叫んでいたとワイフは後述しています。左脳（理性）近辺を手術し、その部分がむくみ、一時的に右脳（感覚）優位になっていたのも関係していたのかもしれません。脳科学者が脳卒中になり、自力のリハビリで回復したジル・ボルト・テイラー博士の自伝『奇跡の脳』には右脳中心になると涅槃感覚（ニルヴァーナ感覚）、純粋な子供の様な感覚、宇宙と一体になる心地よい感覚になると書かれていましたが、今考えるとそうだったのかもしれません。突発的な瞬間の寂しさはありましたが、将来の不安はなかったです。

元にした絵を見ると、はじめはキリストの表情が物乞いするような表情に見えたのですが、実はそうではないですね。光を見た瞬間の表情なのではないでしょうか。全体的に暗いタッチになりましたが光を感じさせる絵にしたかったので黄色を後から加えました（巻頭カラー参照）。

聖路加病院はゆったりとした造りになっていてまるでホテルのようです。建設時には批判もあったようですが、実は緊急の際に多くの人を受け入れられるように設計されているそうです。地下鉄サリン事件の時には設計の利点が大いに発揮されました。２０１７年に亡くなった創設者の日野原先生は素晴らしい先生だったのですね。通院で２０１８年も通っていますが病院にはいつも良い気が流れていると感じます。キリストが復活したように、オレもこの場所で復活しました。

以下、ワイフの日記から抜粋します。

2月6日、夕方、人工呼吸器が外れる。発熱。会話できるがウトウト傾眠しがち。頭に血流を計るセンサーが取り付けられている。日付、場所、病院だという事が解る。あきちゃん、がんばれ！がんばれ！

2月7日、頭のセンサーが外れる。午前中に痙攣あり。言語療法士さん、理学療法士さんが来てリハビリが開始される。21時に消灯。自分で歯磨き、うがいをしてくれる。「おやすみ」と声を掛けると、あきちゃん泣いてしまう。2人で泣いた。「オレ何歳？」と質問してくる。だんだん思い出せば大丈夫！

2月8日、歳を訊くと「うーん20歳？じゃないなあ」と答える。右目が見えていると教えてくれる。熱がありつらそう。吐き気あり。昼から食事開始だがムリそう。持ってきた写真を見せると「栄ちゃん（トンカツ屋）」とニヤニヤして教えてくれる。発熱、解熱剤を口から飲めるようになった（それまでは点滴だった）。不整脈が心配。抗菌作用の強い蜂蜜を舐めさせる。蜂蜜が何なのか解っていた。理学療法、四肢マヒはないと。すぐに涙が出てしまう様子。感情失禁か。解熱剤後でも37・9度。頭部に出血が残っているが吸収される。歩けるか等を評価していく。ベッドの上でウンチが少し出る。

（オレは毎日、快便なので何日かしていない事になぜか不安になり、ワイフに肛門をつついてもらい無理矢理ちょこっと出しました。）

２月９日、昼ごはん、おかゆ、ふりかけ、鳥薬味付き、牛乳、カボチャ。食べられない。理学、作業、言語療法。長谷川式認知症テストで30点満点中27点（取りあえず心配なしの値）。頭のセンサー外れる。ナースより症状が良くなってきているので空き次第、転ベッドすると伝えられる。マサトくんが長渕剛のＣＤを持ってきてくれる。早く帰りたいと泣いてしまう。

２月10日、転ベッド、シャワーとトイレがあり快適そう。面会制限がなくなる。おむつが外れてパンツになる。看護師さんを呼んでトイレに行ってＯＫになる（それまで、小は尿瓶、大はおむつでしたが大は８日しかしていないのでおむつの中にはしていません）。食事が摂れずつらそう。頭痛が早く良くなりますように。今日は大分良い。話し方が戻っている。ふらつく事なく自力でトイレに行けた。連休明けに眼窩底骨折の手術。

２月11日、朝夕の痛み止めが定期になる。（入院してからこの辺りまでは、記憶が途切れ途切れです）

２月14日、食事が進まない。（給食でもなんでも出されたものは全て食べる流儀でしたが入院初期はほとんど食べられない状態が続いていました。ワイフが買ってきてくれた苺だけが唯一ばくばく食べられた記憶があります。）明日、髙谷さんのジムがオープン。お祝いを包むと泣いてしまう。（この頃は字が書けていました。）お見舞いに来てくれる人が増えている。

２月15日、昼ごはん、天ぷらそば、パイナップル２つ、苺五粒。シャワー洗髪。（頭の傷は生々しく傷跡に血がこべりついていましたが、洗髪していいとの事だったのでやりました。今はどんどんやらせる方針なのですね。） 頭痛がアロマと音楽で治まる。「引退する」と話してくれる。もう充分闘ったよ！お疲れ様！（この時のオレの頭なりに考えて出した答えを話した記憶があります。次の日には担当ドクターに引退勧告されます。）

2月13日、眼窩底骨折の手術。目の下から切開、骨に吸収されるプレートを埋め込む。鼻はかまないように。目も触らないように。（なぜか不思議と少しも怖さや緊張がなかったです。右脳（感覚）優位だったからかな。） 理学療法、ペグ（つまみ棒）の色認識ができない。細かい作業ができない。

2月14日、頭痛。言語療法で色の認識ができている。テスト結果は良い。（日により差があるようですね。） 理学療法、軽いマヒが出ていると。リハビリ室でリハビリ開始。（ベッドの上でもリハビリしてもらっていたのですが記憶がないです。リハビリ室に通いだしてからの記憶。） 手術した左側の頭がブヨブヨしている。鼻と唇右側に痺れ。さとみちゃんお見舞い。（夫婦で仲良しの女の子の友達がホラーマンガ、富江の絵の自筆バレンタイン・チョコレートを持ってきてくれました。）

2月15日、お見舞いに来てくれた人とよく笑い話す。「ベッドまで診察に来た先生が、運ばれて来た時、奥さん泣いていたよと言っていた」と言いながら、あきちゃん泣いていた。

2月16日、100引く7の繰り返し、あまりできていない。短下肢装具をして歩行練習。（初めはこんなの付けなくても歩けるよと反発していました。それでもよく歩けるようになるための前段階だと自分を戒めて何度か装具を装着して歩行練習したのを覚えています。）

2月17日、聖路加病院の近くであきちゃんの好きな鰻を買っていき食べさせる。（覚えています。気持ちが嬉しかったです。）

2月18日、朝からお見舞いに3組来てくれる。夕方、右手、不随運動。痙攣、てんかん発作。（発作が起こった瞬間を覚えています。右手が自分の意志とは関係無しにグルングルン回転していました。自分で「不随意運動だ！」と口にしました。その後はワイフが慌ててナースコールし、ベッドに移され鎮痛薬で眠らされてMRI検査を受けました。）見当識あり病院とわからず。箸が持てなくなる。（連日、たくさんの人がお見舞いに来てくれて大変ありがたかったです。しかし、脳の方がオーバーヒートしてしまい大きなてんかん発作を起こしてしまいました。この日から体の具合が悪化したので転院して1ヶ月、4月になるまで家族以外のお見舞いを断らせてもらいました。）

2月19日、起床時、手に力が入らず。右側の喉が飲み込みにくい。ベッドの高い低いが解らない。ナースより「波があるので一喜一憂しないで」と。右手が使えない。言葉が片言。（一気に症状が悪くなったので自分でも少しはヤベェな大丈夫かなと思いました。）

2月20日、私の事は解る。波がある。リモコンの事を伝えられず「水、水」と言っている。右手で箸が使えないので左手でフォークにする。ミッシェルガンエレファントを聞いて泣いてしまう。入場曲だからしょうがないよね。「雲が速いね」と教えてくれる。理学療法で病院の中を歩くが右手が振られない。作業療法で自分の名前を書くが田村と書くところを平仮名の「ひむ」と書いてしまう。（オレは「おかしいな」と首をかしげてニヤニヤしていたが、うちのおかあさんとワイフは顔を見合わせて不安に思っていたようです。）トイレに歩いていく。おかあさんと一緒に清拭してあげる。手、足浴してあげる。顔の腫れはずいぶん良い。言葉も出たり出なかったりする。一日の中でも波がある。ストレス与えず休む時間も大切。

2月21日、口が痺れている、言葉も出にくいと。文字や質問は理解しにくいのでゆっくりするといい、簡単な言葉を選ぶとよいと言語療法士さんに教わる。シャワーで自分の頭を洗う。新聞ちぎりのリハビリをしてくれた。「スターバックス行きたいな」「ありがとう」と初めて言ってくれた。表情はいつもの感じ。笑顔もある。優しい笑顔。（新聞ちぎりのリハビリは作業療法士さんが提案してくれていたようです。こんなに毎日懸命に看病してくれていたのにありがとうさえ、この日まで言えていなかったのか。1年経ってこのノートを読み返してボロボロ涙が出ました。）

2月22日、抗痙攣薬で眠いのかウトウトしている。明日は私の誕生日を覚えているかな？　自分の名前をギリギリ漢字で書けている。（手本を見ながら何度も書き直して書けました。敏の字が特に難しかったのを覚えています。）　リハビリの指示が入らないことがある。ナースコールを自分で押せている。手の痙攣の時はナースコールを押すこと！（手の痙攣は軽い発作が予想されていました。）　現状を受け入れる。どんな状態でもあきちゃんと一緒がいい。助けてもらった生命を大切にしていこう。

2月23日、言語療法の時間に書いた「お誕生日おめでとう　みゆき」をプレゼントしてくれる。ありがとう。頑張ってくれたね。看護師さんに励ましてもらい泣いてしまった。

2月24日、左腕の筋肉がピクピクしていると。言葉が出てこずイライラしてしまう。「えーっと、えーっと」を繰り返す。転ベッドしたのを理解できずDVDが観られると思ったと後から謝ってくれる。6階の中庭を歩いて気分転換する。運動すると言葉もよく出るらしい。「2週間入院しているの？」　5日分は覚えていない様子。「箸は手元を見ない方が上手くいくね」と教えてくれる。ノートの端に小さく猫の絵の頭の部分だけを描く。頭が痛くなったので休む。帰りに「気を付けてね」と言ってくれる。

2月25日、おかあさんにオセロで勝ちました。でも頭が痛い。「昨日、夜中に格闘技の番組をテレビで観た」と教えてくれる。猫の胴体を描き、全体を描き上げる。（これが入院中、本当の初めての絵！）マサト君が1階に来てくれて、数分だけ会話をする。言葉が出にくい様子。面会はもう少し会話ができるようになったら来てもらおう。負担をかけたくない。

2月26日、「昨夜、右のふくらはぎがこむら返りのようになった、首がグーッと右側に持っていかれた、右半分が見えにくい感じがした」と（おそらく再度のてんかん発作）抗痙攣薬を増やすとの事。副作用がない事を祈る。院内、6階から行ける中庭を歩く。ローズマリーを摘む。昔見た映画を覚えている。ローズマリーの良い匂いがするので、寝たまま、おでこの上に乗せていたら看護師さんが笑っていた。あきちゃんは「キリストみたいだろう？」と。

16　1年後の自画像

1年前の自画像を見返すと蛭子さんより生気がないと評価していましたが、この自画像はどうでしょう？　横から描くのは初めてかもしれません。奇しくも入院した時と同じ服装です。入院中もよくこのプーマのジャージを着ていました。楽しい感じに仕上がっているのではないでしょうか？

突っ込みどころが満載なので解説していきましょう。

まずは髪型です。1年前の試合前、習志野のなじみの床屋さんで切ってから伸ばしています。現役中は練習で髪が長いと、うっとうしいだろうと思い短くしていました。今は頭の半分を刈り上げて、もう半分を伸ばすというイカレた髪型にしています。伸ばした髪で傷口を隠そうとしたのですが、毛の流れが逆だという事で断念しました。

「傷口側を刈り上げるって田村さん格好良いんだよな」同じ床屋さんに通う後輩が言っていたそうです。今は後ろで結べる位に髪が伸びています。元にしたのはドラゴンアッシュのボーカル、降谷建志です。

次の突っ込みどころは葉巻でしょう。ジャイアント馬場かチェ・ゲバラが吸っているイメージです。ちなみにオレはスポーツマンなので喫煙しません。20歳の誕生日に遊びで友達のタバコを吸って咳込んで以来の喫煙です。この葉巻、修斗で元フライ級チャンピオンの生駒さんからキューバ土産で頂きまし

た。ゲバラとカストロが革命で興した国ですね。「大阪に来たら案内するので連絡してください」…社交辞令とも取れる挨拶を以前にしてもらい、旅行した際にマジで連絡を取ったのをきっかけに仲良くなり、ちょくちょく食事に誘ってもらっています。生駒さんは急速に資本主義化が進むキューバに興味を持ち、社会主義の色が強く残っているうちにキューバを見たいと旅行したそうです。そんな生駒さんですがキューバから帰ってきてすぐに会って話した事は「とにかく食事が合わずつらかった」。元々細身ですがさらに痩せていました（笑）。

後輩が働いている新宿の鰻屋では「やっぱり日本のご飯が一番だ」と鰻重にがっついていました。後日、葉巻の吸い方をネットで調べました。丸い部分をカットして、火を付けて吸いました。家が煙くなるかと思い、稲毛にある友達が若店長をしている居酒屋で吸いました。味は何となくわかりましたね。どことなく甘い感じです。20歳で吸ったタバコよりも断然良い印象でした。

葉巻と言えばゲバラですが、２０１７年の秋に観た映画が良かったですね。「エルネスト」革命に参加した日系二世フレディ前村を通したゲバラとカストロを描いているのですが、セリフが良かったです。前村の問いに対し「なぜそんなに自信があるのですか？」ゲバラ「自信なんてない！ただ怒っているんだ。憎しみでは何も変えられない！怒っているんだ！」…深いですね。怒りは反省を望んでいるが憎しみは抹殺を望んでいる、憎しみは報復合戦の連鎖を生み出し終結しない、そう解釈しました。前村「私達は何をすべきですか？」カストロ「何をすべきかは人に聞く事じゃない。お前の心の中にある！」…シビれました。

1年経って、どう過ごしているのかを問われると「1日の半分位は寝ている。それでも毎日寝られる。昼間は絵を描いたり、文章を作ったり。夜は後輩の練習を見に道場へ行っている」、そう答えると元同僚の女友達は「元格闘家でニートの芸術家って、かなりヤベェ方向にいっちゃってるね！」と笑っていました。

時間の流れが速いとか、遅いとか言う人がいます。この1年、今までと違う生活をしてきましたが、時間の流れるスピードは同じだと感じています。ただ、やりたい事はあるのだけれど寝ている時間が長いので思うように進まない。仕方ないですね。今の適量の睡眠、食事を摂って生活しています。

食事はよく噛んでお腹いっぱいまで食べる。腹八分の言葉がありますがこの状態をそう呼ぶのではないでしょうか。だってお腹いっぱいでも食べようと思えばまだ食べられるでしょう？　でもその状態で食べるのは意味がないし美味しくない。以前より甘いものは欲さなくなりました。大切なのは体の声を聴く事です。１日２食の日も多いです。体重は少し減りました。ただただ生きている事、それ自体に幸せを感じられます。この休息が必要だったのだと感じられます。

寅さんスタイルでぶら下げているお守りはワイフの実家から近い、池上本門寺群の寺で作ってもらいました。現状や願いを告げると上下の柄をカスタマイズしてくれます。上半分は帆船柄で門出、下半分は吉原繋で人との良縁を意味します。今のオレにぴったりの柄です。

17 どん底

２０１８年、春。クロマニヨンズのライブツアー〝ラッキー＆ヘブン〟に行きました。

どん底だから上がるだけ！
どん底だから上がるだけ！
どん底だから上がるだけ！

1年前は入院していて体力的にはどん底だったな。よくも回復したものだ。
おかげさま

LUCKY
&
HEAVEN

Tamura

第2章

オレとアナタも〝共同体感覚〟

18 少林寺三十六房

２０１６年から友人の呼びかけで始まった、みんなの絵の展覧会「描けんのか！」に出展しました。リアルタッチの絵あり、ほのぼのタッチの絵あり楽しめます。これまた春日部の友人の理容室で開催されているのですが２０１７年の１作目として描き上げました。テーマは「映画」で幅が広くて悩みました。因みに一昨年前のテーマは「シルベスター・スタローン」これは逆にピンポイント過ぎでしょ！

少林寺と言うとジェット・リーを思い浮かべる人が大半だと思いますが、リュー・チャーフィーの三十六房が断然オススメです。35個の部屋で修業を積んだサンダは親の仇打ちに向かいます。一部屋足りないのは？　映画を観てください！　修行風景をマンガタッチで描きました。腕に刃を取り付けて水が入った桶を運んだり、巨大な線香を耳の脇に置いて、目だけで振り子の動きを追ったり、刃が上下に取り付けられた修行器具に腕を通し、その先の的を腕がぶれないように回したり、初めは出来ないのですが修行でこなせるようになるのは痛快です。他にも井戸に石を放り投げて水浴びするなんてシーンもありました。

絵には右上に「続」の字があるのですが、このイラストの修行風景は「続」ではなく元祖の内容です。やはり頭がどうかしていたのか思い込んで描いていました。因みに「続」もあるのですが、ストーリー

続
少林寺
三十六房
タプ タプ
タプ タプ
ジワ
プル プル
プル プル
ユラ
ユラ
モク モク
タラ
ジジ
ジジ
クル クル
2017.

が続いているわけではなくキャストが同じなだけです。「続」は修行もさせてもらえず、ただ少林寺の外壁の修理を任せられ、竹と紐で足場作りをしながら少林寺内で行われている修行を観察して動きを研究しているうちに自然に強くなっていたというストーリーです。最後の戦いでは足場作りで鍛えた足腰とバランス感覚＋少林寺を見て身に付けた技＋足場作業で身につけた紐で竹を縛る動き、それらをミックスさせたオリジナル・カンフーで相手をどんどん縛りつけて倒していきます。「続」の方がコミカルでこちらも面白いですよ。昔からこういうのが好きで全然変わってないです。アメリカの映画って初めから強い主人公が多いけど、アジア系がそうなのかな、少林寺みたいにコツコツ強くなっていく方が、親近感湧くでしょう？

病院の様子はというと、3月19日、痛み止めが朝だけになる。1日2回の痛み止めが朝だけになりました。1カ月以上経ったこんな時期になってもまだ頭痛があったのですね。それでも体調が落ち着いてきている、耳鳴りが減ってきた、呂律も良い。リハビリで走るとバランスが悪い、右足にもっと体重を掛けろ！計算が前より速くなってきた、との記述があります。良くはなっていますが傍から見るとまだまだですね。

外出許可をもらって病院近くの商店街で食事をしました。この中華料理屋、外観はキタナシュランですが中身はキレイ。昔ながらの中華そば屋で安くて美味い！　いつも思うのですが安いというのは味付けと一緒ですね。高くて美味いのはある意味当然ですから。

病院では一緒に食卓を囲んだ患者同士でも話すようになりました。正方形のジャン卓のような食卓を囲むのですが、初めの数日間は全員無言でした。左隣は車イスでオレより幾分若いHさん。正面は杖を突いて歩くおじさんのSさん、右隣は片腕が不自由なおじいさんのYさん。後からHさんに聞いたのですがオレが来るまで食卓の会話は一切なかったと。年齢も身体の具合もみんな違うので気を使いすぎて話せないというのもあったかもしれません。数年前の俺なら無言で食事をしていたでしょう。読書で変わりました。『雑談力が上がる話し方』齋藤孝

食卓が一緒のHさんが誕生日で昼にケーキが出てきました。看護師さんとヘルパーさんがハッピーバースデーを歌って、オレも歌いました。Hさんは恥ずかしがっていたけど、スゴク良い病院ですよ。隣のテーブルの時はおじいちゃん泣いていたからね。それにつられて看護師さんも泣いている人がいた。もう何が何だかカオス（笑）。でも、どんな時でも感動できるっていいよな。

「共同体感覚」という言葉をご存知でしょうか？　他者を仲間とみなし、自分の居場所があると感じられる事。「共同体」とは家庭、学校、職場、地域、国家、人類、宇宙全て、時間軸においては過去から未来まで全てを含みます。Hさんも、看護師さんも、ヘルパーさんも、隣のテーブルのおじいちゃんも、オレも、今この本を読んでいるアナタも「共同体感覚」で繋がっています。みんなお互いに他者貢献できているのです。どうですこの思想、器のデカさに痺れるでしょう？

19　茶話会のお知らせ

　ワイフの勤め先の病院で行う茶話会のポスター制作を頼まれました。同僚の看護師さん達も心配してくれていたようで、この絵を見せたら「こんなに上手に絵が描けるなら大丈夫だね」と言ってもらえたそうです。中には茶話会が終わってポスターを剥がした後、「何で剥がしちゃったの？　飾っておけばいいのに！」と言う人や「家で飼っているネコにそっくり！　貰いたかったな」と言う人までいたそうです。病室に置いてあるカレンダーの写真を元に描きました。元はグレーの猫でしたが何となく春らしくするには茶色かなと思い色は変更しました。桜の花びらと鶯のホーホケキョはメモパッドの柄をアレンジしました。脱力系で良い感じに仕上がりました。

　病院の食卓では正面に座る、杖で歩くおじさんのSさんが「メシの味が口に合わない」と、ほとんど箸を付けずに退席する事が度々ありました。オレは美味いと思って食べていましたが人それぞれですね。濃い味が好きな人には物足りなかったのかもしれませんし、好き嫌いも多かったのかもしれません。「しょっちゅうこれが出てきやがる！」と焼き魚のタラを残していました。オレも大きくカットされた人参とブロッコリーは残していました。すいません…Sさんに一度、売店で何か買って食べているのかと聞きました。初めは買い食いしていたけれど、今は飽きてしまって何も食べていないとの事でした。食べるのに飽きるなんて事があるのだろうか？　オレには考えられません。Sさんが栄養失調にならな

茶話会
3月24日(金)
13:00〜 持ちより 大歓迎ニャ
ホーホケキョ♪

いか心配しましたが、病院にいるのだから、あまりに酷ければ点滴でも打つのかなと思っていました。そんなある日、Sさんがスゴイ勢いで朝食を完食した日がありました。「Sさん今日は完食じゃないですか！」と声を掛けると「昨日の夜、食べなかったら、朝スゴイ腹が減ってたくさん食べれたよ！」と笑っていました。人間の生きる力を見たようで何だか嬉しかったです。

後にSさんが退院した後、同じ食卓の席にすぐに入ってきたLさんという、片腕が不自由な中国の方がいたのですが、Sさんとは反対に食欲旺盛、早食いであっという間にご飯を平らげていました。病院からはダイエットを命じられていて間食は禁止、腹が減って5時に目が覚めるので、紛らわすのに体操していると教えてくれました。入院してみるみるうちに痩せていきました。

「毎年、親戚大勢で利根川に集まって花見する。ヤキ買って来て、棒に刺して丸焼きにする！」ヤキ！ヤキ！言っていたので初めは何の事だか解りませんでしたがよくよく聞いてみるとヤギでした。かなりワイルドな花見ですね。Lさんは入院期間が短く、オレよりも遅く入院して来て、オレよりも早く退院していきました。嵐のような人でしたね。リバウンドしていないかな？　花見でヤギの丸焼き食べたかな？

3月19日、後輩の仲山がプロ修斗インフィニティリーグの初戦を敵地大阪で難敵相手に逆転一本勝ちしました。いつも試合後半に攻めあぐねる仲山が逆転勝ちするなんてスゴイや。もちろん入院中はセコンドには付けないので、3人目のセコンドは侠気、髙谷番長がバイクを駆って関西までサポートに行ってくれました。

「今回は来てないですけれど、これからも田村彰敏と共に闘っていきます！」

普段は涼しい感じでそんな事は口にしない仲山がマイクアピールしたと伝え聞いて涙が出ました。

3月24日、練習仲間の石橋が修斗環太平洋バンタム級タイトルを防衛しました。必死の攻防に胸が熱くなりました。ここでもマイクで「田村さん早く良くなってください！頑張ってください！」とエールを送ってもらいました。この試合は病室でタブレット画面でワーワー言いながら観戦しました。みんなのエールは届いたよ。ありがとう！

20 稀勢の里、優勝

夕方にリハビリが終わるので初めて15日間続けて相撲を観ました。稀勢の里、奇跡の逆転優勝の場所だったのでオレもワイフも一発で相撲好きになりました、この場所後に稀勢の里は横綱に昇進します。6時から夕食なのですが、この日はみんな相撲を観ていたのでしょう、「ワーッ！」という歓声が各部屋で上がってからゾロゾロと食堂へ向かってきました。優勝の余韻冷めやらぬうちに稀勢の里の取組前の眠たそうな顔が面白かったので描きました。この顔の時は強い！　キリッとした顔の時は緊張しているのか逆にダメ。この場所ではないのですが、以前に観た時、おそらくはメンタルコーチに指導されてか取組前にニヤニヤと気味悪い笑みを浮かべていた時期もありましたが、その時もあまり成績は良くなかったですね。稀勢の里は真面目で試せる事は何でも試しているのでしょう。

これは本当の事かは解り得ませんが、稀勢の里は本当に真面目で手を抜かない相撲で有名、自分が勝ち越している場所の千秋楽で相手力士が7勝7敗であっても決して手を抜かないという噂を耳にした事があります。嘘か本当か解りませんが、このような場合、手を抜いて相手力士に花を持たせ、勝ち越させてやる力士もいると聞いた事があります。だけども稀勢の里は最後の最後までガチで通す。相手にどう思われようがガチで通す。自分の信念を相手がどう思おうが気にしない。稀勢の里はよくメンタル面での弱さを取り上げられますが、そうではないと思います。真っ直ぐ自分の信念を貫いているだけなの

稀勢の里連覇.
2017.3.26
田村敏彰

ではないでしょうか。この噂を聞いてますます好きになりました。

この病院でリハビリした爪痕を残してやろうと思い、言語療法室に絵を飾らせてもらおうと勝手に思いました（笑）。食堂や運動療法室では目に留まらないけど、ここなら目立つし言語療法士さんは感じが良かったので大事にしてくれるだろうと考えたのです。言語療法士さんは快諾してくれ「ホントにいいの？」とまで言ってくれました。悪い気はしません（笑）。しばらくして昼の合同体操の時に一緒だった品の良いおばあさんが「言語療法室にある稀勢の里の絵、アナタが描いたんですって？　私にも一枚くださらない？」と言ってきました。カラーコピーをして定番の百円ショップの額に入れてプレゼントしたら大変喜んでくれ、お礼に家族が買ってきたであろう高級お菓子の詰め合わせを頂きました。まるでわらしべ長者だな。

この2カ月の入院期間中に格闘技生活の引退を決めました。ドクターストップによる強制終了という側面も持ち合わせていましたが、納得していますし、良い時期だったと思います。

退院した冬、オレが引退したのでプロ総合格闘家と理学療法士の2つの肩書で仕事をしているのはおそらく彼だけだろうと思われるガッツマン道場所属の阿藤リトル君と食事会をしました。頑張って欲しいですね、他人事には思えません。彼とはフェイスブックで知り合いました。食事会でオレの正面に座った理学療法士の女の子は「初め、頭の半分を刈り上げてラインを入れてるヤベェ奴がいるなと思っていたら、ラインじゃなくて傷だという話を聞いて、話を聞く前でも、後でも変わらずヤベェ奴だった」と帰り際に笑っていました。髪を結べば相撲取りのようにはいきませんが、変形のチョン髷みたいになります。ケージ上で挨拶した後に「髷侍！田村」のツイートを見つけてウケました。気に入っているのでこの髪型はしばらく続けます。

今は常に格闘技の事を考えなくてもよいので楽です。ただ、今でもつい考えてしまうし、今になって閃く事もあるので現役の頃に解っていればなと悔やまれる事は多々あります。でもそれはいつ辞めても同じ事、これからの後輩たちに託していければと考えています。

21 ファイトクラブ

２０１６年から友人の呼びかけで始まった絵の展覧会「描けんのか！」…２０１７年の出品2作目として描き上げました。１９９９年デヴィット・フィンチャー監督、ブラッド・ピット主演のバイオレンス・アクションムービー「ファイトクラブ」からのインスピレーションで描きました。

映画は１９９９年末から２０００年始にやっていて、この内容を正月に観に行きました。上映期間もイカレているな。上映中は酷評でしたが、終わってから徐々に評価が上がっていったという珍しい作品です。タイラー（ブラッド・ピット）のイカレた思想にゾクゾクします。米国映画にはあまり見られない破滅の美学。これはある意味、諸行無常を説いているとも解釈できないでしょうか？「without pain, without sacrifice, we would have nothing」「痛みなくしては、犠牲なくしては何も得られない」タイラー・ダーデン。胸には劇中のセリフが刻まれています。アクリル絵の具でブルーに下地を塗ってから重ね塗りしていきました。アクリル絵の具はすぐに乾くので油絵風にも描けるし、前作の少林寺の様に水彩画風にも描けるので面白いですね（巻頭カラー参照）。

映画が公開された頃、１９９９年、２０００年はアマチュア修斗に出ていた時期です。トーナメントの試合を全てカウントしても10試合しかしていません。ちょうどアマチュアの試合が全国に広がってプ

Without pain,
Without sacrifice
We would have noth
Tyler Durden
2017

ロ昇格がきつくなり始めていた時期だったので早めにプロ昇格が出来てラッキーでしたね。自分の中ではプロになるなんて当たり前の気でいましたけど。2017年現在はアマチュアの運営体制が変わったのと、修斗の他にも総合格闘技の興業が増えてプロシューター人口が少なめなのでプロ昇格が緩くなったと聞きますが直接関わっていないのでよくはわかりません。

アマチュア最後の試合は2000年の夏、全日本選手権の準決勝、まだ知名度のなかった山本キッド徳郁戦でした。キッドがマッチョだったので試合直後は力で封じ込められたのかと感じましたが、ビデオテープを見るとレスリングの技術でやられていました。当時のアマチュア修斗はテイクダウンする度に加点されるルールなので何度も立ち上がっては転がされたオレはトーナメントの中を見ても大差で負けているのですが、実際は一番頑張ったと自負しています。負ければ同じですけどね。他の選手は一度転がされたまま終わっているので点差が開いていないだけです。いつもそうですがあの時点で出来る限りを尽くした結果でした。

病院ではやっと3月29日に痛み止めの薬を辞めても平気になりました。こんな時期まで飲んでいたのですね。やっと脳の浮腫みが取れてきたのでしょう。理学療法では縄跳びにチャレンジしています、後ろ跳びが難しかったです。言語療法では暗算、間違い探しとあります。徐々に頭と体が回復してきているのが解ります。食卓で左隣の車イスで年下のHさんはなんと前述のアマチュア修斗に大会、階級は別ですが出場していたそうです。いろいろ話した後、インターネットで検索してまさかあの田村選手かと驚いていました。またもや、そんな事もあるのだなと思った次第です。Hさんとは歳が近かったので話しやすかったですね。

右隣の片腕が不自由なおじいさんのYさんはケガした時の様子を話してくれました。車を運転中に信号待ちをしていて、青になって進んだところを突然、横から突っ込まれたとの事です。気の毒な話を聞きました。亡くなった社長の娘婿が二代目をやっているから現場監督に復帰できる、社長の娘を自分の娘のように可愛がっていたからねと話してくれました。Yさんが人に優しく接してきたのは普段の様子を見てもわかるし、それが自分に帰ってきているのもよくわかりました。大工だったYさんはホームセンターに買い出しに行って仕入れた材料でリハビリを兼ねて本棚を作って病院にプレゼントするとニコニコして話してくれました。ここでも与える人になっているなんてスゴイな。

この入院期間でたくさんの人が見舞い、エールを送ってくれました。行動は見返りを求めてするものではない。でも返ってくるものなのだと実感しました。それに甘んじずにこれからも与える人、貢献できる人になりたい。

22　ぽりん

担当作業療法士さんの飼っている猫のぽりんちゃんを描いてプレゼントしました。4月6日に雑誌の取材で来院してくれたライターさんがこの絵を絶賛してくれました。一作目の猫は完全に犬に見えちゃって、見た物をそのまま口にしてしまう悪い癖で反射的におもわず犬ですねって言っちゃったけれど、2カ月経っての、この絵は猫以外には見えようがない、並べてみると頭のダメージの回復具合がよく解ると、雑誌にも2枚並べて掲載してくれました。水で塗った所を伸ばせる色鉛筆で彩色しました。なかなか良い具合に仕上がりました（巻頭カラー参照）。

4月に入ってリハビリの一環で屋外生活動作訓練がありました。電車やバス等の公共機関を正しく使えるか、人混みの中を歩けるか等をチェックする訓練です。コースは2時間を掛けて、リハビリ病院からバスと会社の違う電車二線を乗り継いで津田沼を散策して帰ってくるというものでした。無理言って散策の時に津田沼道場に顔を出したいと申し出ました。担当理学療法士さんと作業療法士さんの計らいでOKを貰い、事前に代表、本部長、後輩のマサトに連絡しておきました。こんな患者は後にも先にもオレだけだろうな。

2カ月ぶりに津田沼道場へ行けるのが嬉しかったです。みんなが温かく迎えてくれて有難かったです。

ぽりん
2017

代表が「あきとし、あきとし！」言ってくれて嬉しかったです。あきとしと呼ぶのは代表と家族位のものです。代表はオレが尊敬する人で、設備を修繕しながら無償で津田沼道場を運営してくれています。口数は少なく、余計なことは言わず、押忍の精神の侍です。「あきとしは自分が試合前でしんどい時でも仲間の試合に駆けつける、そんな男です」結婚式の時に短く挨拶してくれたのが忘れられません。7時には寝てしまうのでなかなか会えませんけどね。そういえば代表は「オラ喰え！オラ喰え！」と昔よく野良猫に餌をやっていましたね。苦情でもあって辞めたのでしょうか。最近は見ないです。

担当理学療法士さんと作業療法士さんは津田沼道場の佇まいに驚愕していました。代表の許可を貰って中を見せてあげました。「あしたのジョーの丹下ジムみたいな道場だよ」と説明はしていましたが、急な階段、広いとは言えないマットスペース、水道シャワーなし、男塾の手ぬぐい、臨戦態勢の手ぬぐい、押忍の貼り紙、神棚、日章旗、いろんな意味で絶句していましたね。この頃、身体は疲れやすかったのですが動きは大分良くなっていたので、外出届を出して、お世話になっている場所にはお見舞いに来てもらうのではなく自分から挨拶に行こうと考えていました。

谷津駅に帰ってくる電車の中で作業療法士さんに猫の写真をスマートホンで見せてもらい、その画像をさらに自分のスマートホンで写真に撮り、それを元にして内緒で絵を描いてプレゼントしました。ぽりんちゃんは猫カフェから譲ってもらってきたそうで、店長が中山美穂好きだったのか「ミポリン」と呼ばれていたそうです。ヲタクっぽくて嫌だから、譲り受ける時に改名しようかどうか悩んだ末、猫はコロコロ名前が変わるのが嫌だろうと思い、短くして「ぽりん」と呼ぶことにしたと教えてくれました。作業療法の訓練は結構厳しかったけれど、やっぱり優しい女の子だったのだと思った次第です。

普通は遅くとも大学生で終わるようなスポ根劇場を30代半ば過ぎまでやってきました。道場に入った頃、上下の関係なく思い切り練習、終わった後はみんなで掃除してパッと解散、部活とはまた違った爽快さがあると思えました。汗を流すと無心になれて全てを忘れられる。日常の煩わしい出来事など小さな事に思えてしまう。そんな津田沼道場が好きです。

23 ナナ

ワイフの同僚の看護助手さんの愛犬が腰痛で調子が悪かったそうです。元気付けるためにも描いてあげて欲しいとの依頼でした。その後、腰椎椎間板ヘルニアの手術をして元気になったそうです。絵はナナちゃんにそっくりだと喜んでもらえました。

てんかん発作を起こしていないし、身体も動くようになってきたので4月から疲れない程度にお見舞いを解禁しました。夕方までに3食＋リハビリ3時間＋お風呂がある日もあり、休憩も必要だったので面会時間は限られていました。夕食後の30分間に来てもらう人も多かったです。忙しい中、来て頂いたのに少しの時間で申し訳なかったです。前述したとおり、当時の職場や、道場関係の仲間は入院してから、てんかん発作を起こす前に会いに来てくれましたし、少し元気になってからはこちらからも会いに行きました。この間、会いに来てくれたのはライフワークで頻回に会うわけではないけれど、オレの友達です。友達って頻回に会わなくても友達だとオレは思っています。

友達で思い出す曲に ブルーハーツの「終わらない歌」があります。「馴れ合いは好きじゃないから、誤解されてもしょうがない。それでも僕は君の事、いつだって思い出すだろう」…良い事、言いますね。一方的かもしれないけど、これもまた友達の形だと思います。ここでは来てくれた中でもユニークな友達を少しだけ紹介します。

NANA
2017
.4
10

以前、津田沼道場で練習していた後輩は入院を伝えたところ、日付が変わって翌日の夜中に栃木から車を駆って、朝一番、家族も入れない時間帯にアポなしで面会に来ました。逆にみんなに迷惑だろ（笑）。いてもたってもいられなかった、家族の寄せ書きが入った色紙を届けすぐに帰るつもりだったと話してくれました。次男は赤ん坊なので手形が押してありました（笑）。引き留めてリハビリを見学させてしばらく話してから帰りました。アイツには何をした訳でもないと思っていますが、慕ってくれています。アイツの長男には彰敏の「彰」の字が入っていますからね。「一人しかセコンドの付けないアマチュア大会に大森まで来てもらった。すぐに負けたのにトンカツ奢ってもらった。すげぇ覚えてるんです」そういえばそんな事もあったたな。自分が忘れていても仲間が覚えている。そういう事が沢山あるなってこの期間に思いました。

もう一人、紹介するのは2003年11月3日、文化の日、プロ修斗後楽園ホール大会で拳を交えた戦友の南部さんです。この試合はクラスBながら月間最高試合に選ばれたのでよく覚えています。オレが判定勝ちしたのですが南部さんにとっても思い入れのある試合だったと教えてくれました。

南部さんは試合前に膝をケガして、一度は試合の辞退を申し出たそうです。ですが練習帰りにこの位だったら治して試合ができるのではないかと思い留まりすぐに辞退を取り下げてもらったと教えてくれました。「だからこの試合はチャレンジする事の大切さを教えてもらった大事な試合、オレにとってある意味、田村君は恩人なんだ」と激アツなメッセージを送ってくれました。当時はそんな事を知る由もないオレはとにかくガムシャラに闘いました。出稽古で手を合わせた時に当たったハイキックを乱発しますが、さすがに警戒されていたのかクリーンヒットしなかったです。飛ばし過ぎて1ラウンドでバテでした。2ラウンド後半、グラウンドポジションで上から攻めている時に、南部さんは下から「立って闘おう！」と声に出して挑発してきます。余裕のなかったオレは無視して上からパウンドを落とし続けました。そのまま試合は終了。握手で健闘を讃えあいました。

南部さんは引退した後、渡伊して料理を勉強し、帰国して横浜から京急本線沿いの駅でイタリア料理屋を営んでいます。そんな南部さん、今も古巣のジムを手伝っているそうですが、何を思ったか２０１６年に10数年ぶりにアマチュアの試合に出場しました。フルに仕事をしながら一戦してみたかった、挑戦なのだと。結果は若い選手にボコボコにされたのですが、見る者に勇気を与えてくれました。怯まずに前に出る姿勢に心打たれました。試合後「気持ちがダメだったね。恥ずかしいよ」と感想を述べていましたが、いやいや何を言ってるんですか！　むしろ気持ちしかなかったですよ（笑）。

昔、ワイフはさっきまであんなにボカスカ殴り合っていたのにゴングが鳴ったら握手してハグするなんて世界が考えられなかったそうです。今は解るとの事です。試合は相手が憎くてやる訳ではないですからね。終わった後の一瞬の解放感がたまらなく良かったです。むしろその一瞬の為に闘う、準備をするといっても過言ではない気がします。格闘技までとはいかなくても、というか格闘技はもう出来ないですが、また何か熱中できるものを探したいですね。

24 ノア&ポロン

ワイフの職場仲間、マリちゃんの愛犬二匹を描きました。ノアちゃんのネーミングはプロレスリングノアから来ているそうです。２匹は老齢で体の調子が悪く闘病していました。視力を失い、昼夜を問わず同じ所をグルグル徘徊してしまうので大変というより可哀想だったようです。

ワイフが入院中だけでも飲もうよと2リットルで700円する身体に良い水をネットで買って持ってきてくれました。美味しいし、気分だけでも良くなればいいやと思って飲み続けました。いろいろ考えてくれる気持ちが嬉しかったです。なんとこの水をワンちゃんに飲ませたところ、一時的に体調が良くなったというのですから驚きです。

懸命に看病したもののオレが退院した後、２匹は亡くなったそうです。ワイフに励まされ、悔いのない看病が出来たとマリちゃんは話していたそうです。額縁は2匹が天に昇ったから空色にして欲しいと頼まれ、百円ショップの額縁を手塗りしました。看護師仲間で食事をしている時に、マリちゃんが突然「田村君は自分が入院して大変な時にこうやって、みんなを励ます絵を描けるなんてその心意気が素晴らしいよ！」と泣きながら話していたそうです。オレは大変じゃない、周りに支えられました。

病院の食卓で対面に座る、杖を突いて歩く偏食のSさんが退院しました。リハビリ病院なので比較的、入院が短いのです。退院の日、いつものスエット上下ではなくシャツとチノパンでちょっと小奇麗な格好をしているSさんに「お疲れ様でした」と声を掛けました。Sさんは杖と反対の手を挙げて、見た事

のない笑顔でエレベーターホールへ歩いて行きました。

右腕の不自由な大工のおじいさんのYさんも続けて退院しました。競馬が好きで病院に特別の外出許可を貰ってコンビニに馬券を買いに行っていました。巨人と甲子園も好きでした。「みんなと仲良くなったのに退院するのは寂しいな」最後の日は目が赤くなっていました。


今年は花見出来ないと思っていたのですが、トレーニングが丸々ない日があったので谷津干潟の公園でワイフと花見しました。２０１７年は一生心に残るだろう、またここで花見をしよう。

退院に向けてリハビリが大詰めでした。一時帰宅した際に普段から診てもらっているトレーナーさんに少しだけ会いました。右の股関節周りが硬いと指摘されました。普段理学療法士として働いていても自分の身体は客観的に診られていない部分があるなと感じました。担当理学療法士さんに相談すると気付かないで申し訳ない、もっと柔軟体操も取り入れていきましょうと話してくれました。地力をつけるためにまずダイナミックに身体を動かして良かったと思っている、君が謝る事は全くないと伝えました。こんな時に何でも話せる土台を雑談で作っておけて良かったです。患者になって解ったのですが、携わった人達がああでもない、こうでもないと親身になって考えてくれるその行為そのものが嬉しい、一生懸命さが大事だと改めて感じました。

作業療法では終盤、伝票整理のような事務仕事のテストを繰り返しました。夕方に行うと間違いが多かったのでガッカリしました。その都度、遅い時間だったなんて言い訳するなと言い聞かせて訓練しました。一応言っておきますけど完璧にできた日もありましたよ！　作業療法士さんは韓流アイドルグループが好きだという話や飼い猫のぽりんちゃんの話をしてくれました。

言語療法の時間は初めの頃、疲労感が強く、訓練を終えてはよく昼寝をしていました。頭の体操を繰り返すこの時間は苦手分野でした。例えば野菜の名前を列挙したり、暗算したり、上手くできない訓練も多かったのですが言語療法士さんはいつも優しく接してくれました。おかげで毎日出される計算問題や間違い探しの宿題も根気よくできました。最後の評価を終えた後、オセロがしたいというワガママにも付き合ってくれました。オレの3勝1敗、ちょっとだけ強いのです。言語療法士さんは悔しがりました。稀勢の里の絵を言語療法室に飾ってくれています。

インタビュー記事が載った雑誌が入院中に発売されました。これを期にSNSでも引退発表しました。記事に感動したとたくさん連絡が来ました。看護師さんや療法士さんも目を通してくれ、涙が出たと言ってくれる人もいました。5月5日、退院の日を迎えます。食堂で行ったイスから立ち上がり体操の合計を記録した表彰状を貰いました。食卓の仲間が去る時と同じく自分が去る時もテーブルのみんなと握手して別れました。理学療法士さんをレフェリーに見立てて腕を挙げてもらい、勝利者風に写真を撮ってもらいました。リハビリ病院に転院して本当に良かったです。不満足な事は何一つなかったです。みんなに親切に接して頂きました。ここは救われた命を自立できる人間に再生してくれた場所、その救われた命で今度はみんなに何かを返していきたい。

25 ライブ・フォー・トゥデイ

天龍源一郎のドキュメンタリー映画からインスピレーションで描きました。目のシワをあえて盛り上がらせたのと、歯が白すぎたので黄ばませたのがポイントです（巻頭カラー参照）。引退後の天龍といえば、清涼飲料水のコマーシャルに出演するなどタレント業で人気者ですが、やはりオレ達にとっては風雲昇り龍、猪木&馬場から唯一フォールを奪った男でしょう！　ワイフがどの位スゴイのか解らないと言うので、浅田真央ちゃん位スゴイ人だと説明したところ納得してもらえました。入院中の２０１７年4月、浅田真央ちゃんの引退会見がありました。オレよりも10歳若いけれどスケートキャリア20年、オレも高校柔道からキャリアを数えれば同じく20年になるので自分と重ねて見てしまいました。やりきったと自信を持って言える彼女の言葉にも同じ感慨があります。

天龍のドキュメンタリー映画が２０１７年2月、なぜか近所で上映するとの知らせを目にし、おまけの天龍キーホルダー欲しさに前売り券を買っていたのですが入院期間中に上映が終わってしまいました。上映館を見つけられず、ネットを見渡していると天龍が来場するイベントを発見、ダメ元で映画の前売り券でイベントに参加できないか打診したところ、天龍プロジェクトの、おそらくは天龍の娘さんから、映画の前売り券ではイベントに参加できませんが下北沢でリバイバル上映するのでよければそちらに観に来て下さいとの返事をもらいました。無茶苦茶な頼みをしてくる一ファンに丁寧に対応してく

LIVE FOR TODAY
2017.6.18

れるなんて、何と心優しいのだろうと感激しました。

期せずしてリバイバル上映の下北沢は幼稚園から小学5年生まで同じ社宅に住んでいた幼馴染みがいる土地でした。幼馴染みは千葉にお見舞いに来てくれた時も病院がある「谷津」駅に反応して「谷津〝嘉章〞駅に到着！　歩いて病院に行く！」とラインを打ってくる程のプロレスマニアです。

谷津嘉章とはその昔、長州力やアニマル浜口と維新軍団で活躍したプロレスラーです。映画は幼馴染みと観に行く事に決めました。「勝手に前売り券、買われちゃったけど、天龍の事はよく知らないし、下北沢でやるって事はそういう運命だったんだよ。キーホルダーも私は要らないから」とワイフ。電車の人混みも退院してからは初めてのチャレンジでしたが疲れも程々に行くことが出来ました。見た目は何ともない状態で退院しましたが人とのコミュニケーションで疲労しやすく、疲労しすぎるとてんかんのリスクが高まるという身体の状態が続いています。しばらくは無理せず年単位で身体を慣らしていきましょうと言われています。

行く途中にネットで見て気付いたのですが前日に天龍本人が来場していたのです。前日は前日でやる事があったのですが失敗したなと悔やまれました。そしてその日の来場者数はオレと幼馴染みともう一人のお客さんの3人だけでした（笑）。「さすがに大将に恥かかせらんないから昨日は入場の時の幟持ちが来てただろ!?」

天龍の滑舌が悪いのでプロレスラーのヒアリングに慣れていない人は2回観た方が良いかもしれません。慣れている人でも2回目の方が理解できたと言っています。映画の中にも「大将は良い事言っててんだけど滑舌が悪すぎて伝わらない」という娘さんとのやり取りが出てきます。なんとＤＶＤ版には天龍のセリフに全編字幕が付いているとの事なので優しいですね！　娘さんのアイデアかしら？　映画は天龍が引退発表してからの1年をカメラが追うという内容でした。ラストは相撲出身の天龍が両国国技館で現マット界最強のオカダ・カズチカと試合、この試合は深夜中継でも観ましたが素晴らしかったです。感動の場面はこの前にもありました。ラストマッチではこんな事は出来ないからと地方巡業で行ったセミファイナル興業の入場時、天龍は入場テーマ曲のサンダーストームが流れる中、幟持ちの1人、1人とハグしていきます。１人目は聞かされていないものだから後ずさりしているのがウケました。「こういうところが長州さんとは違うんだよ。グッと来た」幼馴染みが言っていました。津田沼道場で一緒に練習した事があるインディーレスラーが何人も出ていたのも面白かったです。試合前、ノルディックウォーキングの杖で体育館を何週も歩いてから四股踏み、コーナーポストに鉄砲というアップをしているのも印象的でした。相撲の稽古は長く続けられる為によく練られているのだと感心しました。

喜び勇んで、出掛けましたが、刺激が強そうなのでてんかん発作を起こさないかとワイフは心配しました。自分としては大丈夫というより、ワクワクした気持ちが強く不安はなかったです。オレみたいな小心者の格闘家は試合前の緊張感に比べれば他の事は屁みたいなものと考えてしまいます。良い面、悪い面あります。面白いもので実力に関わらず、試合を怖がらない選手もいます。良いか悪いか、クレイジーか弱くても怖れない選手がいます。ただ、怖いという感覚は野生の証でしょう。その部分も残しつつ、少しの恐怖心と踏み出す勇気、それが大切な気がします。

26 エイドリアン

みんなの絵の展覧会「描けんのか!・2016」に出品した2作品です。この年のテーマはシルベスター・スタローン、ピンポイント過ぎでしょ（笑）。開催された理容室では2年連続で店主の友人が高田延彦のモノマネをしてくれましたが正直乗れませんでしたね。「やれんのか！」をパロッているのなら飛龍革命のアントニオ猪木と藤波辰巳で髪切り寸劇をして欲しいです。髪はすぐに直してもらえますしね。知らない人はユーチューブでチェック！

作品タイトルのエイドリアンは、オレが一番好きな映画、「ロッキー」より。試合を終えたロッキーがリング上でアナウンサーのインタビューをフルでシカトして恋人エイドリアンの名前を叫ぶラストシーンを描きました。全5作＋ファイナルとありますが、やはり1作目が良いですね。スターウォーズも同じくらい出ていて大体は観ていますが、ストーリーをすぐには思い出せません。そこのところロッキーはストーリーをすぐに思い出せますからね。独断と偏見ですが心への滲み方が違います！（決して単純だからではない）

このシーンはいつ観ても泣いてしまいます。たまにテレビ東京の午後のロードショーでやっていて前半の冷凍肉を軍手で叩いて血だらけになっている、恐らく今はコンプライアンス的に撮れないであろうシーンなんかをいい加減に観ているから、まさか後半に泣きはしないだろうと舐めていたらラストシー

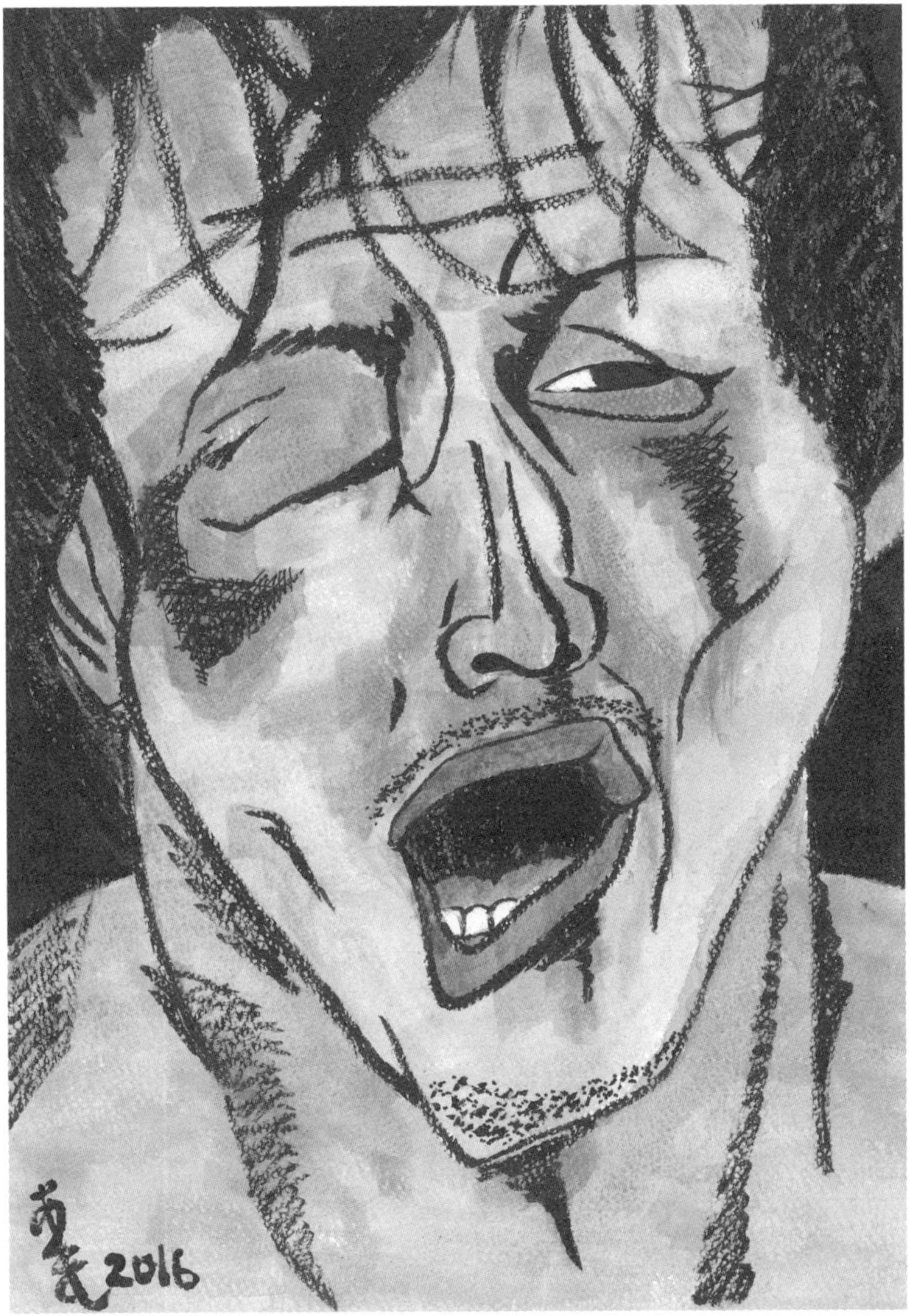
2016

ンの音楽が流れ出した瞬間に条件反射的に泣いていたりするので困りものです。ジムの後輩や病院の療法士さんと話していても十歳位下だと観ていない人が多いですね。

2015年、ロッキーが盟友アポロの息子をコーチするスピンオフドラマのクリードが上映されましたがこちらも良かったです。格闘家から見てもマイケル・B・ジョーダンの動きが素晴らしいです。よっぽどセンスが良くないと短期間でボクシングは上手くなれませんから役者さんにとってはきついですよね。ロッキーと合わせて観て欲しいです。絵はテレビに映した映像を静止させて描きました。どちらも使った道具は同じですが気分で2パターンに彩色しました。どちらかというと油絵風に仕上げた方が気に入っています。リング上なのでいろいろな方向から光が当たっています。初めは光が当たっている所を映像で観たまま白く塗っていたのですがワイフのアドバイスで黄色に塗ってみました（巻頭カラー参照）。こっちの方がしっくりきましたね。展覧会でも好評だったらしく光栄です。

絵描きの友人はロッキーが大好き過ぎてフィラデルフィアで一時期、寿司屋をしていました。退院時には本場フィラデルフィア土産のロッキーキャップをプレゼントしてくれました。自分が格闘家として非エリートだったからかロッキーのガムシャラさ、恐怖に打ち克つ姿に心揺さぶられます。絶対的な強さにも憧れますが、ほとんどの人が非エリートなわけで、ロッキーはその大多数に希望を与えたからこその名作なのです。いつかフィラデルフィアのロッキー階段を駆け上がってガッツポーズしてみたいな！

2016

27 スティーブ・ウイリアムス

みんなの絵の展覧会「描けんのか！2018」のテーマが最高・最強のプロレスラーになったので、中学生の頃に大好きだったスティーブ・ウイリアムスを描きました。

絵のポイントとしては顔の彫を深い感じにした事と腕の太さを1・5倍にした事です。絵は自由に描いちゃえばいいのですよね。写真じゃないから好きなようにアレンジしてしまえばいいのです。

何だかこのウイリアムスは哲学者のような顔立ちじゃないですか⁉ 中学生の頃、大人になって髭が生えたらウイリアムスみたいに髭ボウボウにしようと思っていたのですが、いざ大きくなってみると髭が薄く、1週間に1度でも剃ればいい位なので諦めました。今となれば面倒くさくなくてよいのですが、その頃はガッカリした思い出があります。

展覧会企画者の友人が言っていました。「絵に自信がない時の裏技があるんです。モチーフの名前を横に入れちゃうんですよ！　そうすれば絵がモチーフに寄っていくので誤魔化せる！」…なるほど。ちょっと格好つけて英字にしたら自画自賛ですが良い感じです。漫画家の蛭子さんもこの手法を使っていて『芸能界　蛭子目線』でもたくさん使われていますが「全然、似てねえよ！」と突っ込みたくなること請け合いです。この適当な感じも蛭子さんは良いのですよね。

STEVE
WILLIAMS

全日本プロレスで四天王の三沢、川田、小橋なんかと闘っていた頃のウイリアムスが好きでした。小橋に放った殺人バックドロップ2連発は本当に死んでしまうのではないかと思いました。三沢の三冠防衛記録を破ったのもウイリアムスでしたし、チャンピオンカーニバルでの川田との死闘も忘れられません。ウィキペディアで調べたら全日本の前には新日本プロレスにも上がっていたのですね。知りませんでした。受け身を取り損ねて失神している猪木をフォールしにいってしまうという空気の読めなさ、アドリブの効かなさで後から出て来た外人レスラーに良いポジション奪われてしまうと書かれていてニヤけました。今思えば当時からそういう感じがありましたね。でも実際にアマレスからのプロレス転向でガチ強さと華があったからこそ、全日本プロレスのあのポジションで活躍できたのでしょう。

プロレス大好きな津田沼おじさん柔術会とドゥーロジムプロレス愛好会のおじさん達に、羽田のお義母さんの通院途中にある蒲田リサイクルショップで売っていた古い全日本プロレスの缶バッチ、1個50円~100円をプレゼントしました。リサイクルショップの韓国人お姉さんは初来店時、勝手に50円に負けてくれました。2回目の時は韓国人オーナーが「ナニこれ？オモシロいねぇ」と笑っていました。あんたの店の商品だよ！（笑）

これをプレゼントした時のみんなの反応がスゴク良いのです。みんなすぐに練習道具を入れているリュックやバッグに取り付けて、当時のレスラーの真似をしてくれます。津田沼、稲毛界隈でプロレス缶バッチを付けた男性を見かけたら、田村ファミリーだと思ってください。総合格闘技が本格化する前のあやふやな時代だったからこそ、この時代のプロレスには今とは違う熱がありましたね。

ウイリアムスで好きだったのは入場シーンです。キッスの「勇士の叫び」でやる気全開で入ってくるのが好きでした。時にはパイプイスを振り回しながら入場してきて、お客さんに当たっているのがテレビのオープニングスロー映像で確認できました。

当時、ライバル団体の新日本プロレスではスキンヘッドになる前、髪の毛が中途半端な武藤敬司が台頭しており、側転してからの背面エルボーやムーンサルトプレス等、華やかな技で人気者でした。全日本プロレスではエースの三沢光晴がタイガードライバーやタイガースープレックスを繰り出して大人気、ウイリアムスはこの二人の技が格好良くて好きだったのか、ライバル意識からなのか、側転エルボーやタイガースープレックスに果敢に挑戦していました。もちろん体が硬い大男なので滑らかな動きはできず見栄えは悪いのです。それでも挑戦する心意気が格好良かったです。タッグマッチでは試合の流れと無関係なところで、控えている相手のタッグパートナーをいきなり殴りに行ったりする、前述の空気の読めなさ、ムチャクチャぶりも好きでしたね。空気を読み過ぎちゃよくないんだよ。やっぱりいつまでも空気を読まず、やる気と挑戦する心を持っていたいです！　今の挑戦は絵を描き文章を作る事！

28　Yさん

オレの格闘家ではない一面の話しをします。現役時代、理学療法士と二刀流でやっていました。大リーグで活躍する大谷さぁん！とは違いますが（笑）。仕事をしながら格闘技をするというのはこの世界ではごく当たり前で、格闘技一本で生活していける人は一握りではないでしょうか。多くの人はアルバイトを含め何らかの仕事をしています。闘うフリーターは当たり前です。たくさん稼げる競技に人口が集中するのは常ですし、一本では食っていけないので道を変える人もいるでしょう。もっと稼げる環境になれば選手人口も増えて良いと思うのですが現状を客観視すると難しいです。前にも書きましたが好きでやっている人が多いのです。では競技人口が多いスポーツに価値があるのか？スゴイのか？そんなのは関係ない、スポーツに差別はないと思います。オレなりに格闘技で稼ぎが増え、競技者人口が増えるアイデアを挙げてみます。①国に格闘技でのギャンブルを認めてもらう。すぐに難しければ、ネットショッピングで使えるような仮想通貨でギャンブルできるようにする。②アベマテレビ、ユーチューブ等で放映して人気が出たところで生放送を打ち切り、ペーパービューを買ってもらう仕組みにする。この話はここまでで…。

理学療法士の仕事もやりがいを持って楽しくやっていました。試合をする時には利用者さん、仕事場の仲間も応援に来てくれました。試合の時は仕事場の雰囲気と全然違うので驚かれました。当たり前で

す（笑）。ニコニコして試合できません。試合に向けての減量やトレーニングをしている期間は家や仕事場でピリピリしないの？大丈夫？とよく聞かれますが平気です。仕事場でピリピリしていたらアウトでしょう。試合をするのは仕事で関わる人には無関係ですし、そんな雰囲気を出すのは単なる甘えです。

デイサービスに勤めていた頃に施設を利用していたYさんが亡くなったと元同僚から聞きました。強烈な個性で印象に残っています。ご冥福を祈ります。以前に書いていた日記を読んでも楽しかった思い出が甦ります。

○月×日、Yさん90歳。一人暮らし。自転車に乗る。いつも入れ歯が亜脱臼、話すとカタカタ震えます。集音器を持ってはいるけれど基本的には聴こえません。部屋ではいつも爆音相撲観戦。「利用の際は運動するので飲み物を持ってきて下さいね」持参したのはオロナミンC（笑）。
○月×日「何で腰が痛くなるのかな？おかしいな」少し揉むと「完全に治った！」いつもしているウエストポーチから娘と孫との写真を取り出す。笑顔でポーズを決めているのは墓場。
○月×日「これは良いですよ。あげますよぉ」ティアドロップのサングラス。レディ・ガガも似ているものしていたよ！　利用時間が終了して後片付けをしていると、さっき家に送ったはずなのに自転車で再登場。「これ食べてよ」果物と焼き芋を差し入れしてくれる。「何だかモヤモヤが晴れてファイトが出てきたから報告しに来た！」
○月×日、集音器のイヤホンがセロテープで耳に貼り付けられている。大量のウエストポーチを持ってきてスタッフに配る。新聞の切り抜きを見せてくる。限定！ラム本革ウエストポーチ半額！「昔、これで儲けようと思ったんだけどさ、あげますよ」（転売目的！）
○月×日「昔、『非情のライセンス』って刑事ドラマがあってね。江戸川に落ちた犯人役を拾うのに、ウチのボート使ったんだよ！」自慢気。「オレの生まれた満州の写真集あげるよ。取っておいた方が良いですよ。整理しているからオレは要らないよ」オレもそんなに要らないかな（笑）。
○月×日「自転車に乗っているのを見たよ。買い物？」「ミカン買ったんだよ。リンゴは硬くてダメだ！」入れ歯が亜脱臼ですもんね。「髪切りました？」「そうだよ。ブラジル人のばばあの所で切ってきた。あんたも知ってるだろ？」90歳のじいさんにばばあと呼ばれる床屋のおかみ、会った事あるが日本人。
○月×日「寝坊しちゃったゴメン！」鼻水を垂らしながら慌てて入ってくる。「今日は利用しない日だよ。お茶でも飲んで行って！」オレの試合のＤＶＤを観て興奮する。「いやぁたいしたもんですよぉ」ニヤニヤ。
○月×日「今日は便秘だから調子が悪いんだな。やっと解った。これね、いっぱい持っていますから貴女にもあげますよ」女性スタッフに無理矢理、便秘薬を手渡す。こっそりファイルに返却済。「これ使ってくださいよぉ」漢方自動煎じ器。「昔ね、六本木のレキシントンってデスコによく行ってましたよぉ。金髪の女と行けばタダで入れてくれますからねぇ。ファッファッファッ」とここでステップマシンに乗りながら当時のダンスを披露してくれる。
○月×日、朝迎えに行っても既に出かけてしまっている。午後になり自転車で現れ「床屋行ってきたよ！」床屋好きだなぁ。ちょっと自由過ぎます。利用する日は家に居て下さい。

○月×日、朝来るなり丸めたレシートを手渡してくる。広げてみると、はま寿司、518円。金の皿は何を食べたの？

○月×日、利用と関係ない日に現れる。「自転車で土手をバーッと走っていたらバーッと転んだ」腕の擦り傷にガーゼを当てて、その上をガムテープでグルグル巻きにしてあるのを見せてくる。気を付けてよ！

○月×日「傷が治った」かさぶたが出来ている腕の傷を見せてくれる。「これを塗ったから早く治りましたよぉ」チューブを見ると（生葉、歯槽膿漏薬）。今読んでみても、ムチャクチャです（笑）。Yさんが天国でもニヤニヤして自慢できるようにオレ頑張りますよぉ。ファッファァッファァッ。

仕事して格闘技もやって大変でしょうとよく言われていましたが、もし周りにそんな人がいても放っておいて平気ですよ。そりゃ大変な事もある、当たり前です。でも好きでやっているのだし、オレはいつでも楽しんでやっていました。オレは修斗でチャンピオンになれた。ライト級(現フェザー級)のチャンピオンは2018年代で歴代10人しかまだいない。オレは何にでもなれる。素直である事、自分を信じ抜く事。渡邊コーチからよく言われます。

「濁った眼になったらいけないよ。油断しているとすぐに濁った眼になる」

第3章

ファイトレコード

29 ミャンマーのジョー

ミャンマー・ラウェイは簡単に言うと頭突きと投げが許された素手のムエタイです。2004年に渡緬（ミャンマー）した試合後、日本人カメラマンがオレを撮ってくれた写真を元に「あしたのジョー」風に描きました。写真からは疲労感が見て取れます。2018年は「あしたのジョー」連載50周年イヤーのようですね。もちろんリアルタイム世代ではありませんが、愛蔵版のコミックスで読んでから大好きな漫画の一つです。スカイツリーで行われた「あしたのジョー展」にも行きましたよ。ラストシーンのハメ込み写真を撮りました（笑）。

渡緬した時のコーディネーターさんから入院中に連絡がありました。渡緬先で軍の偉いおじいさんと話している時に引退報告のメールを受け取ったそうです。「私がラウェイで一番心に残っているのは2004年のタムラの膝蹴りだよ」おじいさんがジェスチャーしながら話している時だったと言うので驚きです、そんな事あるのですね。ミャンマー・ラウェイのドキュメンタリー映画を製作中で撮影スタッフが縁のある人達にインタビューをして回っている、お見舞いを兼ねたコーディネーターさんとオレとの対談風景を数分間、映画に組み込みたいという撮影依頼の連絡でした。本調子ではないにしろ身体の調子は良くなってきていたので病院にお願いして病室での撮影を許可してもらいました。久しぶりに会ったコーディネーターさんは変わっていない印象でした。10何年も前の記憶が一気に甦りました。「い

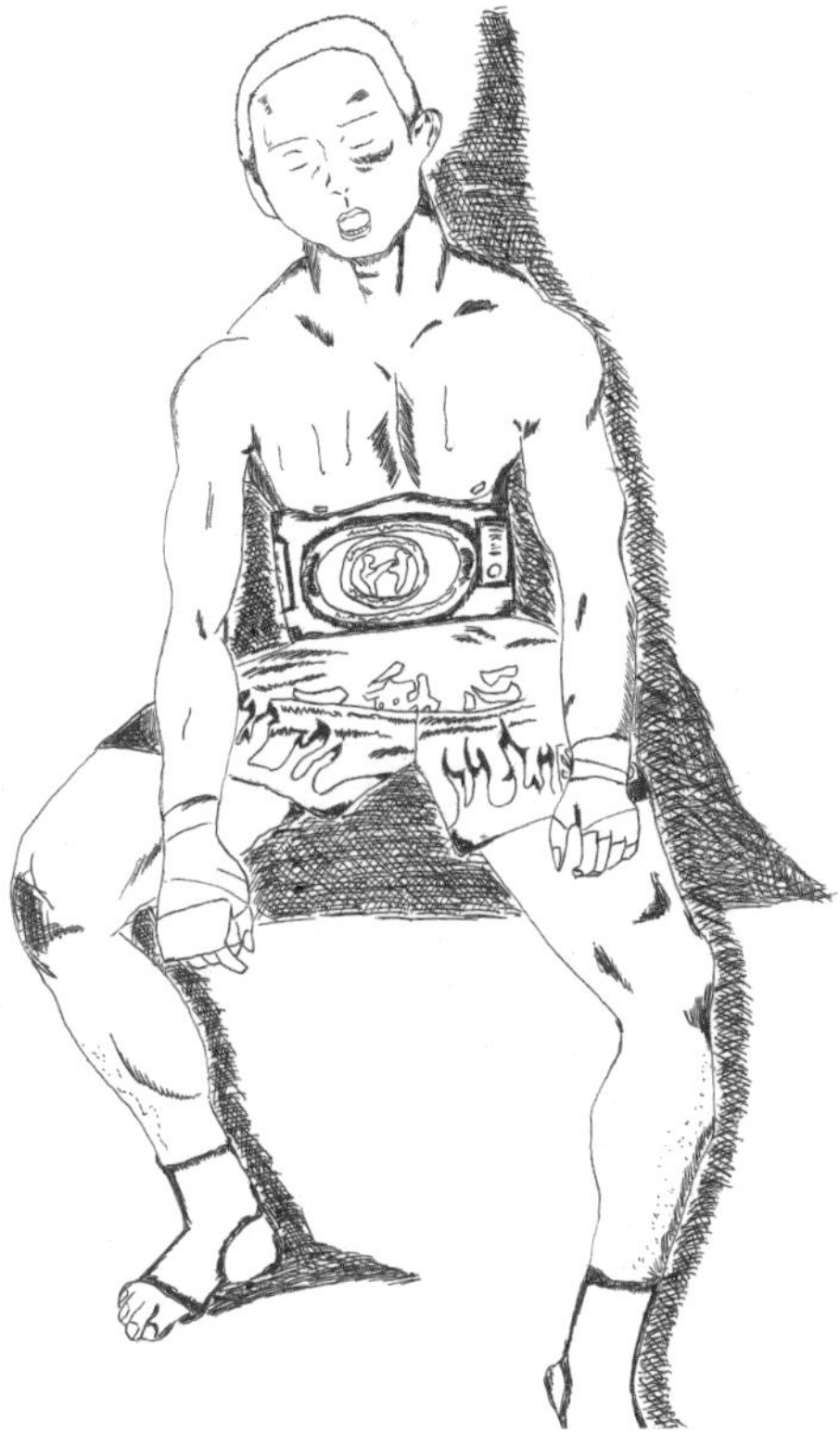

2004年、ラウェイ史上初めて、
外国人としてミャンマーの王者に勝利（４ＲＫＯ）
写真：早田寛

つか第1回の渡緬メンバーでミャンマー旅行したいね」九州の慧舟会の人達はどうしているだろう？大賛成です！

当時、ミャンマー・ラウェイの日本での知名度は低く、得体の知れない格闘技でした。今のようにスマートホンも普及していないガラケー時代ですからね。キックボクサーも警戒してやりたがらず当時の先生がうちの生徒に出させると言ってひろってきた試合でした。正直な話、オレはそこまで乗り気ではなく5割程度の気持ちでした。断りきれなくてミャンマーまで行った感じです。「初めての海外の試合でそんな訳の解らないルールでやるなんて大丈夫なの？」当時、交際していたワイフは飛行機に乗る前日にカラオケ屋でアイコの曲を歌った後に泣いていました。一緒に渡緬した同門のバッファロー新美さんは志願兵でなおかつこの試合がプロデビュー戦だったので同門ながら本当にクレイジーな人だと思っていました。結局、全貌が掴めずよくわからないまま渡緬しました。試合は国を挙げたミャンマー対日本の特別試合で相手はミャンマー側が自信を持って送り出す最強戦士、2日開催でオレは1日目のメインイベント、2万人収容の大きな体育館で試合をする事も現地入りしてから知りました。

「作戦なんか立てたって、相手がそうして来なけりゃどうするんだ？　意味ないから辞めちまえ！」いつもはそう言っていた先生もこの時ばかりは心配だったのか熱心に作戦を考えてくれました。それまでは何だったのか（笑）。事前に貰ったビデオを元に考えたオレの作戦は相手と打ち合わずに、突っ込んでくるところに前蹴りとクリンチ、タックルも混ぜてイライラさせる。後半勝負で首相撲と膝蹴りというものでした。作戦はズバリ的中しました。途中で相手のパンチが一発だけクリーンヒットして目が大きく腫れましたが、直後の首相撲からの膝蹴りが相手の顎にもろに入って、4ラウンドノックアウトで勝てました。相手の首相撲耐性がないのが途中で解り、組んでしまえばイケるなと思っていました。レフェリーは倒れた相手選手を何とか立たせようとメチャクチャゆっくりダウンカウントを数えながら腕を引っ張っているので、内心はまだやらされるなと思っていましたがピクリとも動きませんでした。勝利が告げられ安堵感で涙がこぼれました。試合前と後は勝った方がワイクーの様な踊りをするのですが泣いてばかりで上手くできませんでした。この試合は会場中の誰もが、そしてオレ自身も勝つとは予想していなかった勝利で無欲の勝利だったのかもしれません。

この試合を皮切りに日本とミャンマーのラウェイ交流は今も続いています。「もし、この第1回の対抗試合で日本人惨敗の結果に終わっていたら、逆にここまでの交流はなかったかもしれない。日本人全敗を予想して、それで良いと思っていた自分が田村君勝利の瞬間に涙が溢れ、叫びながらリングインして抱きついていた。自分にもこんなナショナリズムがあったのかと思った」とコーディネーターさんは当時を振り返り話してくれました。全部上手くいったから言えますけど。

「コロンブスの卵と一緒で最初にやったヤツが一番怖くて勇気がいるから一番スゴイんだよ！」

30　ガホ

道場で古くからの後輩、星野が飼っている愛犬のガホを描いてプレゼントしました。毛のフワフワ感をどうやって出すかを考えました。筆ペンで下絵をしただけだとノッペリした感じだったのですが何となく直感で色鉛筆を円で跳ねるように彩色してみると上手くいきました。左下には隠し文字でＧＡＨＯのサインを入れました。これも何となく遊びで思いつきました。

星野は入院中にオレが絵を描いている事を知って、退院してから、注文してきてくれました。入院初期の頃のような良い意味でハイセンスな絵でも喜んで譲り受けようと思ってくれていたようです。この絵を見て「想像以上に上手くてビックリした」と退院後に宴会で同席した際に話してくれました。酔っ払った星野が「田村君は友達の作り方とかわからないでしょ？　最近フェイスブックも更新していないし」と言っていたのには驚きました。道場でしか会わないからそう思われているのかと。友達はいるから大丈夫だよ、友達の形もいろいろだし慕ってくれる仲間もたくさんいる。そこにかまけないようにしなくちゃとも思っている。その件については別に不快になる事はなく、星野はオレに興味を持ってくれているのだなと感じて嬉しかったくらいです。興味がなければそんな事は考えないでしょうし、一つでも年上のオレにそんな事は言わないでしょう。

「引退したからかな？　田村君、顔が優しくなったね」とも言っていました。好きな漫画、「バガボン

2017
8.15

ド」の宍戸梅軒のセリフ「戦いの螺旋を降りたからかな」と言うと笑っていました。

口の悪い仲間はガホの事を星野のバカ犬と呼んでいますが、星野がどうだか解りませんがガホは愛嬌があって利口なのではないでしょうか（笑）。

ガホを見ると九十九里のバーベキュー合宿を思い出します。マサトが指導している少年部の子供達に混じって髙谷さんが3つになる坊ちゃんを連れてきました。ガホは優しい犬ですが大きいです。子供と遊びたくてジャレようとすると子供は怖がって逃げます。遊んで欲しいのでさらに追いかけると子供は泣きます。

小学校に上がったばかりの男の子でもそんな感じだったのですが、ガホと対峙した三歳の髙谷坊ちゃんはジッと睨み付けた後…いきなりの鉄拳！　みんなは大笑い。髙谷さんはずっとニヤニヤしていました。見守っていられるのもスゴイ。「あれはね、アイツ怖かったんだよ、目を見れば解る。だから殴ったの」後で話してくれました。怖くても逃げずに自分の拳で切り開く。三つ子の魂百まではよく言いますが末恐ろしいなと思いました。さすがは髙谷さんの血を引く坊ちゃんです。これは誰も言いませんが、ガホは殴られても騒がずにジッとしていたので偉いです。たまに動物は人間以上に何もかも解っているのではないかと感じます。

合宿では海岸に遊びに行った時の忘れられない思い出がもう一つあります。海に入ってすぐ、浅瀬から急に50センチ程、底が深くなりました。その瞬間、左足親指付け根にチクリという痛みが走りました。

ガラスでも引っ掻けたと思いすぐに砂浜に上がりました。軽く手当してもらおうとライフセーバーの小屋に行きました。そこで言われた事は「アカエイが大量発生しているのでそれかもしれない、一応、少し血を絞っておいた方がいいかもしれない」。まさかと思いましたが、そのまさかだったのです。ワイフに30分以上も足から血を絞ってもらっていたのですが、どんどん痛みが増し、最後は担がれ、救急車の中で絶叫しながら搬送されました。生きてきた中で、格闘技の痛みよりも断然アカエイに刺された足の方が痛かったです。動物の毒とはここまでのものかと思い知りました。

救急車の中で手まで痺れてきたので「ヤバイ!毒が上がってきた」と救命士さんに伝えたら、「アナタ、過呼吸でハアハアし過ぎているだけです。深呼吸してください」と言われました（笑）。幼い子ならば命を失っていたかもしれない。成人でも心臓に近い部分、腹の辺りを刺されていれば命は危ないと言われました。傷が完治するまでに半年もかかりました。思えばここでも命拾いしているじゃないか。すぐそばで遊んでいた髙谷坊ちゃんが被害に遭わなくて良かったです。オレはというと「ワオ！ハッピーボーイ」なので大丈夫！

31 夏合宿

誰でも参加可能な九十九里バーベキュー合宿ですが入門した頃は厳しい地獄の合宿でした。合宿終了時には安堵感で涙が出ました。16年連続で参加しました、今は行っていません。厳しい合宿の頃から代表は3食の世話をしてくれ、合宿所の準備、片付け、補修を毎年してくれていました。今作は津田沼道場の神様ともいえる代表の似顔絵を描かせてもらいました。

合宿終了時に涙が出たのは2001年のプロ修斗初白星前の合宿です。海岸に出る前の一般人は入ってはいけないアップダウンのある砂浜＝野鳥保護区域を何週も走りました。低血糖で砂山に突っ込んでぶっ倒れた仲間もいました。砂で足を取られるので次の日にはふくらはぎが筋肉痛になりました。それでも2泊3日続くのです。その時はその時で高校柔道の合宿を思い出しました。二人組で延々と肩車をして歩き回ったり、手押し車をしたり、馬跳びをしたり。合宿所へ戻っても腕立て伏せや腹筋背筋運動、スクワットに綱登りとこれまた延々と繰り返しました。器具を使わない補強運動がメインでした。2人組でやる筋トレはパートナーの身体の使い方が上手いと少し楽にできるのですよね。パートナーの高谷さんが上手かったのを覚えています。

2017年、退院してから初めての冬、電車の吊広告で見つけた映画の試写会に応募し、たまたま当

選して、映画「ディスティニー鎌倉物語」を観に行きました。帰りに寄った中華料理屋で、それも満席状態からたまたま2席空いたので入った店で、道場に入ったばかりの頃の先輩によく似た人を見つけました。荒川良々似の先輩らしき人は職場の仲間と飲んでいてベロベロです。一瞬、目が合ったようにも感じましたがすぐまた視線は宙を漂っています。もしも人違いだったら恥ずかしいので狭い店の通路をすれ違う時に勇気を出して声を掛けました。すると「え!? 田村君、うわ、スゲェマジかよ! 超久しぶり!」と大興奮でした。先輩は仕事の転勤で道場を辞めた後もオレの事を調べてくれていたようで、修斗のタイトルを獲った事もパンクラスへ転戦した事も知っていました。「津田沼道場の出身者からチャンピオンが何人も出るなんて正直、思ってもみなかった」そう話してくれました。同じ合宿を共にした先輩とこんな形で再開できるなんて思いもよりませんでした。

観た映画が夫婦の絆の話しでしたが、不思議な縁という要素も入っていたので面白いものです。何かの記事で読んだのですが謙虚さを忘れずに機嫌良く過ごしていれば良い事を引き寄せられる。良い周波数、不動心を保てていればそれが可能だと。大きな憎しみ、怒り、悲しみ、そして意外な事に大きな喜びさえも周波数を乱し良くないのだと。これは武道の精神であったり、トップアスリートがいつまでも喜びを表に出したままにしない事にも通ずるのではないでしょうか。

代表、別荘をいつもみんなの為に使わせて頂きありがとうございました。練習生のお肉屋さん、いつも美味しいお肉の提供ありがとうございました。マサト料理長、いつも調理お疲れ様でした。きつかった事も楽しかった事も、虫だらけで蚊取り線香モクモクの道場に泊まった事も、低血糖で倒れた仲間を救急搬送した事も今では懐かしい思い出です。

オレが崇拝している『嫌われる勇気』という本があります。本当に素晴らしい本で1年に1回は読み直そうと思い、実行しています。手元にあっても人に勧めてあげてしまうので1年に1回位は買っていますね。ここ何年かに渡るベストセラーで、大概こういうのは大した事のない本が多いのですがこれは違います。その中のメッセージを紹介します。

「人に思い出はあるけれどトラウマはない。思い出にすがって生きていても面白くないし、過去に縛られて生きていても仕方がない。あるのは今だけで人生はどこからでも変われる。」

32 クルル

ミカちゃんの愛犬、コッカースパニエルのクルルを描いてプレゼントしました。ミカちゃんはワイフが看護師になりたての頃からの友達で今は地元の九州で仕事をしています。最後に会ったのはケガする少し前の2016年の12月で長崎に行かせてもらいました。夕食時、クルルがおもちゃのアンパンマン生首マスクを持ってオレの所に来ました。これはドッグフードのおねだりらしいのです。マスクの中にドッグフードを入れてクルルに渡しました。餌で釣っても「お手」は高速で1回しかしてくれませんでした。以前に泊まらせてもらった時はあまり近くに寄って来なかったのに2回目の旅行ではやけにフレンドリーでした。「同じ犬の仲間だと思われてるんじゃないの?アンタ時々、犬みたいな匂いしてるし、というかそういう時、クルルより匂うよ」ワイフ（笑）

絵はミカちゃんのおとうさん、おかあさんも見るたびにそっくりだと言ってくれているそうです。喜んでもらえて良かったです。横顔は幼き日のクルルです。

この旅行ではミカちゃんの車をかっ飛ばして下関にも連れて行ってもらいました。オレは3歳まで下関に住んでいたのです。覚えていませんけど。方言が初めて覚えた言葉なので東京へ引っ越したばかりの頃は自分の事を「ワシ」という3歳児に周囲は驚いたそうです。

唐戸市場の高級回転寿司は美味かったですね。フグの袋セリという銅像がありました。袋に手を入れてセリ値を伝えるらしく、一人のおじさんは渋い顔をしています。細部にこだわったのでしょう、シュ

ールな感じに仕上がっています。

2歳の頃、怖がって入れなかった秋芳洞にも行ってきました。アキトシがアキヨシ洞。これも全く記憶にございません。秋芳洞は日本最大の鍾乳洞らしいですね。辺りが暗く凸凹滑る、岩肌歩く冒険コース！ みんなを無理に誘ってゴーゴー！後から非難轟轟ゴーゴー！ ラップ調に韻を踏んでみました。

鍾乳洞を普通のコースに戻って中程には長渕という開けた場所がありました。紅白歌合戦の中継で長渕剛が長渕で歌うっていうのはどうですか？ 声が響いて良さそうですよ。

帰りに佐賀のヌルヌル有田温泉で汗を流しました。いつまで洗ってもシャンプーが残っているのではないかって位に本当にヌルヌル、この絵を描いたのが年末なだけに2006年末の格闘技イベントで起きた「スッゴイ滑るよ！」桜庭VS秋山のスキンローション事件を思い出しました。あの事件から6年後の桜庭のインタビューを読んだのですが、桜庭はあの場で証拠を押さえて泣き寝入りせずにしっかり訴えたのだから肝が据わっています。

いつか下関から船が出ている巌流島にも行ってみたいですね。パンフレットには武蔵も小次郎も竜馬も猪木もマサ斎藤もみんな上陸、巌流島！と書いてあって思わずニヤけました。巌流島年表にも武蔵VS小次郎の後に猪木VSマサ斎藤が書いてあってまたニヤけました。馳VSタイガー・ジェット・シンはスルー！（笑）

武蔵と言えば1965年の映画5部作を幼少期に観たのですが面白かったです。武蔵が中村錦之介、小次郎が高倉健。漫画のバガボンドも再開してラストを描いて欲しいです。同じく漫画の刃牙道に出てくる武蔵も面白いキャラクターです。もちろん吉川英治の小説も読みました。今まで何かと触れている武蔵の作品ですがミステリアスで魅力ある男ですよね。

私生活でのオレは意外に思われるかもしれませんが刃物が怖いので包丁仕事は苦手ですし、ドラマや映画で刃物が出てくるシーンも怖いです。だから刀で戦う昔の侍なんて考えられないですね。前前前世は刀で切られたんじゃないかって言われています。

よく引退する選手にインタビュアーが「生まれ変わっても○○したいですか?」という質問をします。昼間フルタイムで働いて、夜は練習、その時は両方好きでやっているのだからつらい事ないと言っていましたが、同じ生活をもう一度初めからやってみろと言われても、やりたくはないですね。一度きりでいい。何に対しても一生懸命やってきた証拠です。これからも完全燃焼で人生終えたいですね。

昔、鑑定してもらった霊能力者に江戸時代の浮世絵師の生まれ変わりだって言われた事があります。まだ作品が残っているから観て回っていれば「これ、オレが描いた絵じゃね?」っていうのが出てくるかもしれませんよとの事です。なぜか昔から絵は観るのも描くのも好きなので悪い気はしません。霊感はないのでこの先そんな事があるかどうかは解りませんが。


信じるか信じないかはアナタ次第です!

33 青春

高校を卒業して理学療法士の専門学校に通うのと同時に道場に通いだします。最終学年時に修斗でプロ格闘家になりました。デビュー戦は病院実習の前日でした。下から三角締めを仕掛けられた際、身体ごと持ち上げてマットに叩き落としました。どさくさに紛れて反則の頭突きを上から仕掛けたのですが、自分の頭が相手選手の歯に当たって流血してしまい試合はストップ。そこまでの判定で負傷TKO負けという結果に終わっています。悪い事をしたらダメですね。映像を見直すと作戦を立てていないのもあり組立てが雑ですね。

頭を何針か縫ったので絆創膏をし、擦り傷だらけの顔で実習先の病院に初日の挨拶に行きました。後から聞いた話ですがリハビリ科のトップの先生は初日でオレをクビにしようかと話していたそうです。担当になっていた先生がなんとか頼んで、首の皮一枚で繋いでくれました。その先生にはその後、何度か試合を観に来ていただき、今でも親交があります。

どこでもそうでしょうが、学校は国家試験の合格率を上げるために進級や卒業に厳しく、ストレートで卒業できる人は当時で全体の7割位だったのではないかと記憶しています。毎年、スレスレで進級していたし、実習も前述のようにスレスレです。当時からクラスメート、学校や実習先の先生、いろいろな人に助けられました。両立は大変でしたが一生懸命やりました。

専門学校で一番心に残っているのは、学園祭でクラスメートとバンドを組んで1曲だけのライブを教

ACE
ROCKER

室でした事です。ボーカルを担当しました。甲本ヒロトがブルーハーツの頃からずっと好きで、ハイロウズからクロマニヨンズに変わった今でもCDを聴いて、ライブに行きます。学園祭のライブでは歌もアクションも完全コピーしましたよ！

当時、ハイロウズの「青春」が松本人志、中居正広のダブル主演学園ドラマ「伝説の教師」のタイアップ曲になっていたのでこの曲をやりました。この後にライブを観に来た看護学科の年上の女の子にデートに誘われて「インビジブル」という、科学者が透明人間になって騒ぎを起こす、どうっちゅうことのないB級映画を一緒に観に行きました。いかんせんシャイボーイなので発展しなかったですね。当時、解剖の勉強もしていたので皮膚の後に血管と、順番に透明になっていくコンピュータグラフィックはちょっと面白かったですけれど。

絵は若い頃のヒロトにエースロッカーのTシャツを着せました。明るい絵にしたかったので本当にはないカラーです。背景を黄色にしたので神々しい感じに仕上がりました。ヒロトの躍動感が欲しかったので全体像にしました。ヒロトはこんな名言を雑誌で残しています。

大略は「プロ野球選手になりたいとか、プロのロッカーになりたいというのはちょっとおかしいよ。野球が好き、ロックが好きならやりゃあいいじゃん。それで将来稼げるかどうかはわからないけど。やるのは誰でもできるんだよ、楽しめよ。死ぬほど好きなら自然にプロになってるかもよ」という感じでした。この時期に読んだので心に沁みましたね。好きな事をやるのが夢だとしたら、程度の差こそあれ、その夢の大半は叶うと言うのです。この考え方は良いなと思うし、小学校の先生達にも聞いてもらいたいです。

プロデビューしてからは勝ったり、負けたりの繰り返しでした。一時期は定職について格闘技をやるのは両方、中途半端でやっているのではないかと、普段は悩まないくせに悩んだ時期もありました。その時に出稽古に来ていたMAキック三階級制覇の魔人、佐藤堅一さんにこんな言葉をかけてもらいました。

「田村君、仕事は絶対に続けた方が良い。引退した後の人生の方がはるかに長いし、格闘技によって人生の幅を狭めるのはナンセンスだ。タイにはムエタイの元チャンピオンでも乞食のようなヤツがいくらでもいる」

そう話してくれたのがきっかけで吹っ切れました。練習の時間は捻出できている。工夫して頑張ろう。30歳までやってチャンピオンになれないのなら諦めよう。それまでは仕事も格闘技も一生懸命やろう。そう心に決めました。腹を括る。これは若くてもそうでなくても重要です。しっかり決心できればその後の踏ん張りが効きます。

今はどうなのだろう？明確な目標はまだ持てていません。一つの長い旅路が終わったところなので一休み中でしょうか。そういう時期があってもいい。新たな目標は自然に直感的に導かれていく気がします。

34 闘いの軌跡　2001～2017

年賀状の図案を毎年考えます。例えば寅年には、柴又の寅さん記念館のプリクラで撮影した写真を元に図案を作成しました。未年にはマザー牧場で羊と写真を撮り、酉年には梟カフェに行ったりして、それぞれの年の材料にしました。2018年は戌年なのですが格闘技生活が終わった年なので、感謝の気持ちを込めて試合写真のコラージュを作成することにしました。

膨大な資料の中から写真をチョイスして散りばめていく作業は大変でしたが、楽しく、そしてしみじみしました。パソコンが得意な人なら手早く作業してしまうのでしょうが、こちとら裸の大将の山下清ばりに、ちぎり絵ですよ。完成すると「全部、ボ、ボ、ボクがやってきた事なのが信じられない、他人事のような感覚になったんだな（清風に）」。

自分が載った雑誌やパンフレットは残しておいた方が良い。これは渡邊コーチからよく言われていました。チャンピオンになった2007年頃は雑誌全盛の時期であった事は良かったです。2017年、今やインターネット全盛なので情報がどんどん通過していきます。今の選手はオレの世代と比較して格闘技の雑誌自体が少なくなっているので残しておけるものが少なく、可哀そうな気がします。初めは散りばめた写真の上に文字を入れてみようかとも考えました。でも、どんなに小さな一コマでも闘ってきた一戦一戦なわけで、それを上から塗りつぶす事はしたくないなと考え、止めました。

44戦23勝19敗2分け。勝ったり負けたりを最後まで繰り返しました。この負け数でチャンピオンにまでなって、海外遠征もして、国内外のいろいろな団体に上がり、最後までトップ戦線で試合が出来た事を幸福に思います。こんな選手は少ないでしょう。出来過ぎだと思います。キャリア後半によく応援に来てくれた格闘技マニアの仲間を中心に44戦を振り返る本人解説付きDVD上映会を何回にも分けて行わせてもらいました。改めて振り返り、いろいろな事を思い出させてもらいました。44戦は宝物です。闘った対戦相手でもう引退している人とはできればご飯でも食べたいですね。よかったら連絡してください。

ケガが決定的な引退理由になりましたが、最後の試合で引退していたと思います。それは、しっかり負けさせてくれたから。道場に通い始めた頃の先輩から「ぶっ壊れるまでプロで戦ったのは田村らしい」とメッセージが届きました。本当のところ2014年、11月、プロ38戦目、マウントパンチでTKO負けした時に引退を考えました。しっかり負けたので仲間に引退報告のメッセージまで送りました。しかし、その数週間後に当時の上位ランカーとのオファーが来たので、これに勝てばアピール次第でパンクラスのタイトルマッチに漕ぎ付けられると思い、身内だけに伝えていた引退を撤回して最後の挑戦のつもりで挑みました。勝ったと思った試合でしたが2対1の判定で敗れます。この時これで辞めるわけにはいかない、せめてもう1回しっかり負けさせてくれなければ辞められない、トップ戦線にいる間は辞められないという気持ちになり2017年まで闘いました。ギリギリのところで闘っていたのでキャリア後半はきつかったです。きつくても楽しくやるのがオレ流ですけれど。

遡って2005年、かつての先生が道場を去り、時を同じくして切磋琢磨してきた仲間が散じりになります。後の総合格闘技団体ドリームのチャンピオン、髙谷番長は出稽古中心の練習スタイルに変えてみると外に出る事が多くなりました。後にＪネットワークのタイトルマッチまで進むキックボクサー悠作さんはキックボクシングに転向してジムを移籍しました。後に中部を中心に活動する総合格闘技団体ヒートのチャンピオンになるバッファロー新美さんは就職で地元に帰り、地元のジムに移籍しました。この４人が集まってバリバリ練習していたのは、今思うと奇跡ですね。津田沼道場に残るのはオレと後輩達だけ。出稽古中心の練習スタイルに変えるべきかと考え、おやじさんに相談した時の事を覚えています。おやじさんは覚えていないと思いますが、「お前が津田沼に残らないでどうする！お前が強くなろうが弱くなろうが、そんな事はどうでもいいんだよ！　お前は残らなきゃダメだ！」

弱くなってもいい。これは衝撃的でした。でも気持ちは楽になりました。この環境で強くなる方法を考えて練習に励みました。２００７年、修斗でチャンピオンになれました。才能があろうがなかろうがやらずにはいられないモノがある、やらずにはいられないモノをやるだけ、宝物はたまに眺めればいい、これからまだ宝探しがあるはずです。

35　16の自画像

小学生の頃に1年だけ通った絵画教室の先生に宛てて描いた絵手紙です。子供の絵の展覧会、アトリエ展に卒業生の作品として出させてもらいました。高校1年の当時、16歳の自画像を描きました。陰影をつけて漫画チックに描かれています。影は小学生の頃に先生に習ったように鉛筆の線を縦横に重ねて付けています。

２０１７年の冬、アトリエ展に今年も行けました。先生夫妻は変わらず温かく迎えてくれました。オレの絵と文章がまとまって出版されるかもしれないと話しても別段に驚いた様子はなく、良い記念になるから頑張ってと励まされました。先生にとっては当然の事とのようにも聴こえました。

絵の耳は多少変形しているのかもしれません。柔道用語で耳が沸くというのですが、寝技などで耳が内出血して中の血が固まると変形耳の出来上がりです。意外に思われるかもしれませんが、沸いた耳はカチコチなのですよ。そうなる前のブヨブヨの時期が痛いんです。初めは耳が変形するのを防ぐために、ブヨブヨの時期に注射器で耳から血を抜いていたのですが、練習を休めるわけではないので、またすぐに練習で擦れて内出血し痛む、それがエンドレスに繰り返されます。終いには、耐えかねて起きている時も寝ている時も終始アイスノンで冷やして固めてしまうという方法にでます。だって何回も言いますけど痛いんですもん。それでもまだ鼻は曲がっていないし、目蓋や額に縫い傷はありません。キレイなものです。目尻は若さのせいか多少上がっている気がしますね。絵の周りの文章には「今はプロレス好

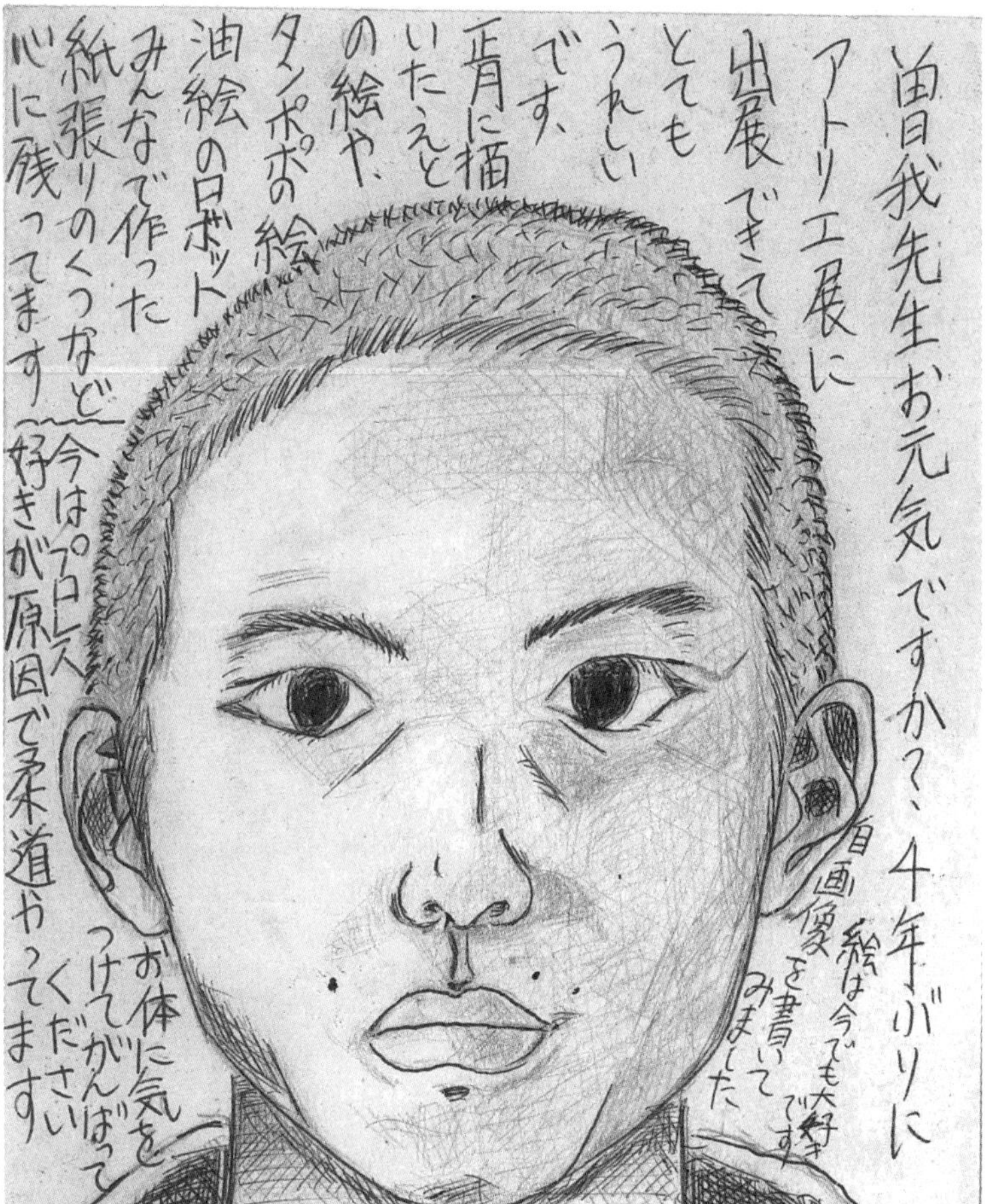
曽我先生お元気ですかっ、4年ぶりに
アトリエ展に
出展できて
とても
うれしい
です、
正月に描
いたえと
の絵や、
タンポポの絵
油絵のロボット
みんなで作った
紙張りのくつなど
心に残ってます
今はプロレス
好きが原因で柔道やってます
自画像
を書いて
みました
絵は今でも大好きです
お体に気を
つけてがんばって
ください

きが原因で柔道をやっています」なかなかシュールな表現ですね。

この文章の通り、小学6年生の頃からプロレスが好きで、中学生の頃は夜中のプロレス中継をビデオに録画して観ていました。初めは全てにおいてガチンコでやっていると思っていたし、プロレスが好きだったので、もちろんやってみたかったですね。そこでプロレスラーは柔道やアマレスのバックボーンがある人が多かったので、柔道でもやってみるかと思いました。同時期にUFCが始まり、柔術家のホイス・グレイシーがトーナメントを圧勝したのも柔道を始めるきっかけになりました。グレイシー柔術は元々が日本の柔道が伝わって始まったものだと何かの記事で読んだのです。

どうせやるなら強い学校に行こうと考えて中学3年生の時に千葉県で優勝している習志野高校に行く事に決めました。今から考えると、とんでもない発想ですね。動機も不純ですし柔道は素人ですからね。同級生は幼い頃からの柔道経験者で推薦入学していました。何もわからず入部して、頑張ればすぐに強くなれると何の根拠もありませんがそう思っていました。クレイジーですね。残念ながらこの気質は変わらず修斗を始めた頃もプロには当然なれる、問題はその先だと勝手に思っていました（笑）。柔道部の先輩達は2週間もすれば辞めるだろうと考えていたそうです。こんなオレを在籍させてくれた当時の顧問の先生に感謝します。高校の部活でスポーツというものがようやく少し解った気がします。それまではただガムシャラに体を動かして頑張れば自然に上手くなったり、強くなったりするものだと思っていましたが、そうではありませんでした。考えて、考えて、考え抜いた者のみが上達する。それが理解できました。この事を教えてくれた先輩方に感謝します。

当時、千葉黎明高校の柔道部で同級生の北田君（後の総合格闘技団体DEEPでバンタム級のタイトルマッチまで進む）とは習志野高校の合宿を共にし、一緒に道場を掃除した時に言葉を交わしているので驚きです。10年以上経ってお互いに覚えていたので嬉しかったです。

合宿と言えばおかしな風習がありました。食堂でご飯を食べていると、先輩が、一杯、食べ終わる頃に「オカワリよそってやるから出せ」と言ってきます。すると茶碗2つにご飯を詰めたものを合体させて、上側の茶碗を外し、まんが日本昔ばなしに出てくるようなてんこ盛りにして持ってきます。それを1年生は完食しなければならないのです。通称UFOと呼ばれ、入部した頃は57キロしかなくガリガリで食の細かったオレにはきつく、合宿の時は胃薬が欠かせませんでした。ちなみに当時100キロ越えの同級生はUFOを2杯平らげるという伝説を残しています。

伝説と言えばオレも合宿時に残しています。素人で強くもなかったオレは初めての夏合宿では稽古に参加せず、太鼓係りでした。乱取りのはじめと終わりの合図を太鼓で叩きます。突然バチを持たされたオレ、顧問で熊のような体格の先生はクルッと後ろを向き、親指を立てて肩を数度、クイクイ指差します。太鼓を叩けという合図だったのですが、それがよく飲み込めなかったオレは、肩を叩けという仕草なのかと勘違いして、バチを床に置いて先生の肩を小学生のようにトントンと叩きに行きました。先生もビックリして、だけど笑って「馬鹿野郎！太鼓だ！」と教えてくれました。この状態で肩を叩けと言うわけがないですよね。パニクッて咄嗟にやってしまいました。

おかしな風習に戻るとこんなのもありました。テストで赤点を取ったら五厘刈り。普段は一分＝1ミりなので、五分＝5ミリ程度にしているのですが赤点を取ると五厘＝0・5ミリにするのです。ツルツルかと思いきやこれはザラザラなのですよ。ふざけて後ろからタオルを引っかけて遊んでいました。

習志野高校は当時、入る頃はそこそこ勉強できるが出る頃の学力に疑問符という学校でした。スポーツに打ち込むあまり、学業に支障をきたす学校だったのです。机の上に枕を持参する野球部員もいました。数学が苦手でしたが先生はテスト直前の授業に数字もこのまま出すから覚えろと言って黒板に書いてくれました。意味も解らずに暗記しました。優しい先生です。これでも落とす人がいたのですからしょうがないですね。自慢になりませんが赤点は取らなかったですよ。商業科でクラスの違った柔道部の同級生はよく赤点を取って五厘刈りになっていました。たまたま試験監督が柔道部の顧問の先生で試験中にコッソリ答えを教えてもらったら間違っていた事もあったって（笑）。あくまで昔の話ですよ。昔はおおらかだったのです。

強ければ大会に出るチャンスは無数にあるのでしょうが、素人で強くもなかったオレには大会のチャンスは4つだけでした。1年生から2年生の前期までは60キロ級に先輩がいて、同じブロックの市立船橋高校にも強い先輩がいたのでブロック大会も通過できませんでした。2年生の後期、冬に行う新人戦で初めてブロック予選通過のチャンスが訪れますが、集中力に欠き、進学校の柔道部員に敗退します。この時は悔しくて家に帰ってからも泣きました。3年生、最後のインターハイ千葉県予選でどんでん返しが起こります。ブロック大会は集中できていたのでトーナメントを4回勝って初めて1位通過しました。決勝戦は後輩だったので譲ってもらっての不戦勝でした。初めての千葉県予選は3回勝って、準決勝で負けて個人戦の最終成績が千葉県3位入賞でした。これは自信になりました。

柔道はやってみてわかりましたが、醍醐味の投げ技にはセンスが要求されます。これがない事に早々に気付いたオレは小外掛けで寝技に引きずり込み、当時、教育実習に来てくれていた先輩から教わった、抑え込みに入るための横三角締めで勝つスタイルを身に着けます。この技を駆使しつつ県大会で入賞できました。ちなみにこの教育実習の先輩が現在、２０１７年、習志野高校柔道部の監督で軽量級日本一の選手を輩出しています。２０２０年の東京オリンピックに出てくれないかしら。

柔道部の練習は厳しくしっかりした休みは春、夏合宿後の数日間と年末年始の3日間だけでした。1月3日は初稽古といってOBがたくさん集まるので嫌だった記憶があります。練習が忙しすぎて黒帯の試験に行く時間もなかったので高校3年の夏に県予選が終わってから市民会館に黒帯を取得しに行きました。中学3年生が受けに行くものなので大人気なく中学生を3人必殺して黒帯をもらいました。それまでは柔道部の顧問の先生に今日から黒帯を締めていいと言われて、勝手に締めていたので〝なんちゃって黒帯〟でした。それが県大会3位に入ったのですからスゴイでしょう⁉

隣学区の習志野市までよく自転車で毎日通ったと思います。花見川を遡っていくのですが少し上流すると、とたんに田舎の風景になり田んぼや畑も見えてきます。この道をイヤホンでブルーハーツの歌を聴き、大声で歌いながら自転車で通いました。川辺ですから口に虫が入って吐き出す事もありました。一度、冬に灰色の帽子をかぶって通学していると石ころにでも間違われたのか、後ろから飛んできたカラスが頭に停まり、しばらくして飛び立って行った事がありました。

毎日、早起きして弁当、おにぎり、菓子パンを用意して持たせてくれた、うちのおかあさんに感謝します。リュックには柔道着と大量の食量しか入っていませんでした。朝練を終えておにぎりを食べ、1

時間の授業が終わるたびに何かしら食べ、昼休みは1年生の頃は道場の掃除をしていましたが、2年生からは昼寝していました。当時、中学生の弟と永遠に成長期と豪語するおやじさんがいたのでご飯を九合炊いていたというのですから驚きです。

高校生で柔道をしている時に修斗に出会います。格闘技の深夜番組にルミナさんが取り上げられていて格好良かったのを覚えています。プロレスラーになれる程、体が大きくならなかったし（それでも入学してから8キロ位は体重が増えました。足のサイズが29センチもあるのに背は伸びませんでした）、柔道を真剣に取り組む事によって、プロレスが格闘技としての意味でガチンコではない、言わば格闘演劇なのだと気付いた事もあり、体重分けがあり、格闘技としてガチンコの修斗をやってみたいと考えるようになりました。

よくこれに気付きプロレスを手の平返しで悪く言う人がいますがオレはそうではありません。相手の技をお客が納得する形で受けきらなければならないプロレスはスゴイのです。真剣に体を張っているのです。

卒業したらアルバイトしながら修斗の道場に通い、プロを目指そうと考えました。看護師をしている、うちのおかあさんに話すと「生きていける保証がない。あなたはサラリーマンには向かない。理学療法士という仕事があるから手に職をつけた方が良い」とアドバイスを貰います。体の勉強は、格闘技にも役立つかもしれないし、人と接する仕事は悪くないと思い理学療法士の専門学校を目指しました。

習志野高校の卒業式、ここでも柔道部には独自の風習〝ワッショイ〟がありました。校長先生が「これにて卒業式を終了致します」と言い終えたところで、１、２年生が柔道部の卒業生のところへダッシュ。ワッショイ、ワッショイと胴上げをして、最後はそのまま体育館の床に叩き落としてボコボコに踏みつけます。当然、１、２年生の時はオレもやったし、卒業生の時にはやられました。おそらく今はコンプライアンス的に「ＵＦＯ」も「ワッショイ」もなくなっているのだろうな。

学生時代に戻りたくはありません。楽しい事も苦しい事もあり過ぎました。取りあえずの結果も引っ張ってきましたし。この頃は思ってもみなかったですが、高校時代の柔道部はオレの長い格闘技生活の序章だったのだな。思い出は美化して逃げ込むところじゃない、でも間違いなくここがオレの格闘技の原点。ここがあったから今のオレがある。思い出はそれで十分です。同じ事を言える未来にしたい。

36 歴戦

２００８年12月、ＷＥＣ、ラスベガス。ギターの形のオブジェがあるハードロックホテルアリーナのセミファイナルに出場した際、同じ週にボクシング、パッキャオVSデラホーヤの試合がラスベガスＭＧＭグランド・アリーナでありました。大通りはそのコマーシャルとオバマが当選する大統領選挙で一色、否二色になっていたのを思い出します。「イエス！ウィー・キャン！」オバマスク売っていたな。あの世紀の一戦と同じ週だったのだな。オレの試合はラスベガスでブラジル人に肘打ちで額を割られ、残り時間数秒で、肩固めを極められて締め落とされるという壮絶なものでした。今から考えるとものすごい経験をしました。額にはその時の傷痕が残っています。傷の話は言い出したらキリがないですけれど。

今はなきＷＥＣのグローブを描きました。青の彩色がキレイなグローブです。総合格闘技の試合はこのような形のオープンフィンガーグローブをはめて闘うのですが、よくこんなモトクロスバイクの選手がしているような薄いグローブで試合をしていたと思います。まあ、ミャンマーではバンテージだけのグローブをはめない試合にも出ているのですが…

よく拳がどの状態が、一番パンチが効くのかと聞かれます。グローブがある方が脳ミソに振動が伝わると言う人もいますが、全部経験したオレの感想から言わせてもらうと痛みも含めて素手が一番効きます。まあ当たり前と言えば当たり前じゃないですか（笑）。

WEC

WECは「ワールド・エクストリーム・ケージファイティング」の略で当時のUFCが軽量級を始めるかどうかの試運転で買い取った団体です。UFCのスタッフが運営しており当時の軽量級世界最高峰の舞台でした。WECは後にUFCと統合され、WECからは何人ものUFCチャンピオンが輩出されています。

試合で使ったグローブは持ち帰りオーケーでした。太っ腹ですね。試合前に選手全員が小さな個室に集められ、プロモーターに「いいかお前ら、アグレッシブな試合をしろ！勝ったら倍のファイトマネーをやる。一本、KOなら3倍だ」と発破をかけられました。いかにもアメリカチックですね。

WECでは計3戦しました。1戦目が冒頭のラスベガス大会、2戦目はシカゴ大会で判定勝利、3戦目のカリフォルニア大会は2対1の際どい判定で敗れ、通算成績1勝2敗。4戦契約の途中で契約を打ち切られました。やはりアウェイの試合は大変なのですよね。でも本当に強い選手はアウェイでも強い。メンタル面での図太さが肝でしょう。

海外での試合、各1週間ずつの滞在生活は良い経験になりました。アメリカ人店員に歯磨き粉を身振りで伝えて買ったり、まだ日本にはなかったスマートホンを見たり（コイツらスゲェ機械持ってるなって…）、アメリカ人スチュワーデスにコーヒーを注がれ「シュガーモネ」と日本語を英語のような発音で言ってみたり、減量で公園を走って野良リスを見たり、飛行機で2席分使っている隣の太ったおじさんに「ア・ユー・タイガイ？（タイ人）」と言われたり。

２戦目での勝利は米国人ファンのダイレクトな反応が面白かったですね。試合後、毛玉だらけの習志野と胸に書かれた高校時代のスエットを着てフラフラしていたら、写真攻め、サイン攻めに会いました。３戦目を終え、帰りの飛行機が別々になり、渡邊コーチとは別便で帰国する事になりました。ホテルの部屋の置手紙には「ここまで来られるようになった田村君をオレは誇りに思う。まだまだ精進あるのみ」と綴られていました。この時は判定2対1で際どかったし、これで1勝2敗。4戦目もあるものと思っていたので契約最後の一戦に全てを賭け、負ければ辞める位の気でいました。ですが前述の通り契約を途中で打ち切られたので納得がいかず日本で再び闘い始めます。

引退前の最後の試合で控室に運ばれた際、渡邊コーチの「田村君、具合が悪そうだけど救急車を呼ぶか？」の一言に助けられました。急性硬膜下血腫で脳内に血が溜まり、薄れゆく意識の中「救急車をお願いします」覚えていませんがそう言ったそうです。そんな状態だったわけですから、この渡邊さんの問いが仮に「すぐ車で帰るか？」だったら救急車というワードを自身で思い付く事ができずオウム返しで答えて、そのまま、あの世から帰って来られなかったでしょう。命の恩人です。

人生って何が起こるかわからない。一寸先は闇かも知れない。だけどまた、その一寸先には光があるのかも知れない。マルボロのタバコの自動販売機に書いてありました。

37 刺し盛り一丁!

WEC参戦時に一階級下への減量に成功した事に味を占め、リリースになり帰国した後も60キロに近い階級で1年と少しの間、闘いました。帰国後の戦績は振るわず1勝3敗、3敗目を喫した所で元の体重の65キロに近い階級に戻します。仲間からは元の階級に戻した方がよいと散々言われていましたが、結局、4試合を減量失敗し続けるまで自分自身に納得がいきませんでした。こう見えて頑固者ですよね。

減量して60キロに近い階級での初戦が良すぎたので引きずられました。階級を元に戻した自分が導き出したのは、アメリカで試合をする際は試合までの最後の1週間が現地入りしているので、仕事を休んで減量に集中できたから上手くいった、日本にいて仕事をしながら、30歳を過ぎてギリギリの減量はできないという答えでした。

60キロ最後の試合前は3週間前からリミットの5キロオーバーで体重が停滞、計量前々日から水抜きして無理矢理に体重を落とすやり方で計量はパスしたものの、顔はミイラのようになり1日では回復しませんでした。試合中もラウンドを追うごとに徐々に体が動かなくなる始末。試合後は闘う根性がなくなってしまったのかとガッカリしました。減量が上手くいっていれば勝っていたつもりなのかと言われそうですが、そういう話ではありません。階級を自分で選択しているわけですから言い訳は無用、それも全部込みで自分の方が弱かったから負けた、ただそれだけです。何の自慢にもなりませんが減量失敗はあっても計量失敗はありません。昨今、計量失敗、体重超過の選手が目立ちますがそれ相応の罰を与

ICHI

えるべきでしょう。

過酷な減量を課していた時期、昼間に仕事をして、夜に津田沼で練習した後、リュックを背負い、津田沼道場から新検見川まで3駅分およそ10キロを国道沿いに走って帰宅していました。幕張インターチェンジなんかは人が走るような所ではないのですが走って横断していました。今から考えると危ないしクレイジーですね。

そんなマラソン道の終点が新検見川の西友の向かいの居酒屋でした。ある日、汗だくでゴールした居酒屋の前で店じまいしているマスターに呼び止められました。「お兄ちゃん、格闘技やってるだろ。見たことあるよ。試合が終わったらウチに来なよ、ご馳走してあげるよ」そうそう声はかけられないし、このタイミングなので驚きました。マスターは元々格闘技を観るのが好きで衛星の有料チャンネルを録画して観ている、自分自身も体を鍛えるのも好きで若い頃は津田沼のボディビルジムに通っていたと教えてくれました。ダンベルが普通に置いてある一風変わった店内です。

勝った試合の後に夫婦で訪ねると、ホントにご馳走してもらいました。こんな出会いってそうそうないでしょう。それからというものちょくちょく店を訪ねています。オススメはなんといっても刺身の盛り合わせでしょう。船橋の市場で仕入れた魚をビックリする位、分厚く切ってくれます。太刀魚、カツオ、カンパチ、中トロ、アジ、アワビ、ツブ貝。中トロは最高ですね。やっぱりマグロが一番好きな魚です。デカい肉がゴロゴロ突き刺さっている焼き鳥も美味しいですよ。ネギマが好きです。飲まなくても十分楽しめます。飲んだら飲んだで楽しめます。早く抗てんかん薬を飲まない、禁酒解禁の日が来ないかな。

以前一緒に連れて行ってから常連になっている後輩のマサトが、オレがケガして入院しているのをマスターに伝えました。「退院したら、すぐ店に顔を出す」そう言っているのに、マスターはお見舞いに行くと言ってきかなくなり、ついにはリハビリ病院までお見舞いに来てくれました。居酒屋のマスターがお見舞いに来る患者なんている？（笑）

退院して元津田沼道場のキックボクサー悠作さんとマサトの３人で居酒屋に行きました。味覚障害にならずに済んで良かったな。美味いものを食べられる、それだけで幸せだ。

店を出た後、３人で検見川神社に行きました。道場から走って帰る時は毎回参拝していました。居酒屋で食べ飲みし過ぎてか突然、大便を催したキックボクサー悠作さん。夜なので社務所は閉まっているのですが、たまたま居合わせた神社で働く男性に頼んでトイレを貸してもらいました。「神（紙）は見放さないのです」（笑）

３人で参拝した後、酔っ払った悠作さんが何を願ったのか聞いてきました。オレは毎回神様に「ありがとうございます。愛しています」そう伝えるのだと答えると、それこそ神のような行いだと感心していました。悠作さんはと尋ねると「今は別れてしまった、バツイチで連れ子がいる女性の育てている女の子が幸せになりますように」と願ったと。悠作さんこそホントに優しくて男らしいですよ。演歌に出てきそうなフレーズじゃないですか。

38 原寸大のリアル

海外遠征でミャンマーへ行った2004年、冬にはロシアへ行きました。ロシアと言ってもハバロフスクだったので飛行機であっという間に着きました。12月、現地の人は「今年は暖かい」と言っていましたが気温はマイナス10度、アムール川は凍っていました。最後の日に観光した際には川の前で酒を飲んで裸になり、キャッキャいっている外国人男性グループがいて、どこの国でも男はアホだなと思いました（笑）。それと、なぜか露店でアイスクリームを売っていましたね。ひょっとして外が寒すぎるからアイスを食べたら暖かく感じるのかしら？　買ってみりゃよかったな。食に関しては赤カブ＝ビーツが毎食出てくるのですが、最後まで好きになれませんでした。

ロシアはサーカスが盛んでそれ用の建物があり、試合はそこで行われました。すり鉢状になっていて見やすいのです。漫画グラップラー刃牙の地下闘技場を彷彿させてテンション上がりました。アマチュア大会みたいに現地で対戦相手と試合順がわかりました。計量がしっかりしていなさそうなので心配でしたが対戦相手はオレより小柄で軽量だったので安心しました。

計量を終えてグローブを持っているかと尋ねられました。「試合で使うグローブ?用意してくれるんじゃないの?」通訳を通して話すと（ロシアは英語が通じず言葉は全くわかりませんでした）、「何だ、グローブ持ってきてないのか!素手でもいいぞ」という返事、グローブを付けるか付けないかは選手の

Матрёшка

自由というルールらしいのです。ダチョウ倶楽部張りに「いやいやいや、聞いてないよぉ！何でもいいから貸してよ」と頼み込むと、しょうがないなというジェスチャーをして渡されたのがヘビー級用のオープンフィンガーグローブ、一応、指は出ているもののアンコの部分が大きくて着けているさまはドラえもんだよ。当日に試合を観ていても、やっぱりグローブを付けている人もいれば、付けていない人もいる。片方の選手が付けていても対戦相手が付けていない場合もある。オレの相手が付けていてくれる事を願いました（笑）。当日はグローブチェックもなかったしね。よく言えば選手を信頼しているのか（笑）。グローブに鉄板仕込んでいたらどうすんの？　アバウト過ぎだよ。試合ルールもやっぱりアバウトな感じでマウントポジションからエルボースタンプしている選手がいた。あれがＯＫなのか。エグいルールだ。それにしても気性もテクニックも荒い、粗い。韻踏んでます。ポジションを取っていても何となく動きが止まっていたらブレイクされている。さっさと極めにいかなくちゃならんな。当日、試合を見て直前勉強しました。

試合順はセミファイナルで何だか良い扱いだな。待っているのはとにかく寒かったけど周りを観察しながら待ちました。興味を引かれたのは試合途中の余興の数々、サーカスが有名なだけあってあの手この手で客が飽きないように一生懸命です。初めに出てきたのはフリフリの衣装を着たお姉さん達。音楽が変わるとフリフリの衣装を放り投げて今度は下着になって踊りだします。これにはお客さんは試合よりも大興奮！　しばらく試合が進み、次の余興に出てきたのが男性ボディビルダー。今度は女性客がターゲットかしら。ロボットの機械音に合わせてのポージングは面白かったです。こんなロボットダンス初めて見た。裏で、チューブで一生懸命アップしているスゴイマッチョがいるなと思っていたら 選手ではなく、このボディビルダーだったのですね！

最後の余興タイム、オレの試合直前に出てきたのは火の付いた棒を持った男のファイヤーダンス＆火吹きパフォーマンス。これまた裏で一生懸命に練習して準備していました。寒い所の人はみんな真面目だってよく聞きます。火を吹く時には何を口に含んでいるのかな？ 度数の強いお酒かしら？ とにかく試合場がベトベトになって係りの人がモップで掃除していました。

そんなこんなでやっとオレの試合です。ドラえもんグローブでも腕十字固めを取れました！めでたし、めでたし。唯一覚えたロシア語のスパシーバ！（ありがとう！）を、お客さんに向かって叫びました。ファイトマネーはみんなにTシャツやらマトリョーシカやらお土産を買ったらなくなっちゃいました。帰ってきて忘年会でウォッカ飲んだな。絵はこの時に買ったマトリョーシカをB５サイズの紙に原寸大で描きました、リアルに仕上がりましたね。ロシア語でマトリョーシカと入れました。

突然ですが、ここでは現役時代に着用していたコスチュームで思い出深いものを数点、写真紹介したいと思います。

一つ目はミャンマー、ロシアと連戦で着用したキックパンツです。赤のボディに黒のファイヤーラインン、キラキラの素材、格好良いでしょう？ デザインはスポンサードを受けるまでは自分で考えていました。新宿の地下にあるコスチューム専門店で作っていました。爬虫類顔で年中裸足、カンフー着という出で立ちの中々キテるおじさんがやっているのですが、安くて速い。これは前述の中華料理屋もそう

1 2 3 4

ですけど好評価の対象です。なんといっても格闘技愛に溢れるおじさんです。ここで作ったコスチュームは裏地が違う色になっているので蹴った時なんかに違う色がチラッと見えてオシャレなのですよ！

　ウチの道場の選手は黒に金とか仏壇みたいな色合いを好む選手が多いと笑っていました。２つ目は４連勝して修斗のタイトルを獲得した時の紺のベロア生地に金で名前を張り付けたトランクスです。表がローマ字で田村、裏の尻側が津田沼道場、尻側に大切なものを記しておくと尻もち（ダウン）せずに踏ん張れると聞きました。左胸に鉄人と書かれたダボシャツでワイフと並んで撮ってもらっている写真はルミナさんに勝利した時の写真でこの時も、紺のトランクスを着用していました。ダボシャツは鉄の字が、金に「失う」ではなく金に「矢」になっているのがポイントです。トランクスもダボシャツも縁起を担いだマサトのアイデアです。模造刀の小太刀を持って入場しようというアイデアももらってそれも実行したのですが、持ち帰る時には目が腫れていたので会場近辺で職務質問されるのではないかとヒヤヒヤしましたね（笑）。思い出深い一品です。

３つ目はアメリカ遠征の時に作ったコスチュームで茶色のベロア生地に表の左端にＴの字を入れました。田村のＴ、津田沼のＴ、「あしたのジョー」の矢吹丈が着用しているトランクスを元にデザインしました。丈はＪね。控えめでシンプルにした事でこれはこれで格好良かったと思います。試合のセコンドに来ていて控室が同じだったＵＦＣファイターのドナルド・セローニ選手が生地を触った後、親指を立ててイイね！のサインをしてくれました。ああいう生地がアメリカでは珍しかったのかな？　アメリカの公開計量にはふんどしを締めて行きました。これにアメリカ人は大喜び！　手を叩いて歓声を上げてくれました。

最後、４つ目のコスチュームはキャリア後半スポンサードしてくれたオ・スティーレ、マザファイトのものです。オ・スティーレとは簡単に言うと「オレ流」というイタリア語です。イタリア人社長の友達が日本の船橋に引っ越してきて、右も左もわからない時に津田沼道場のイギリス人道場生と知り合い、その紹介でスポンサードしてもらう事になりました。社長の友達はマザファイトというブランドを立ち上げています。引退後、オ・スティーレの社長さんが来日した時に、スポンサードしてくれた、お２人に食事会をしてもらいました。手土産に日本酒を持っていくと大変喜んでくれ「インタイシテモ、タムラサンハ、ズットスポンサードシマスヨ！」と言ってもらい、どういう事？と思いましたが嬉しかったです。自社製品のデザイナーもしているというのですがオレなんかよりも筋肉モリモリでマッチョマン。タイで格闘技ジムの経営をしながらデザイン業をしているそうです。いつか遊びに行ってみたいですね。

現役中、鉄人の愛称を付けてもらいました。スポーツ界ではケガや困難に強く、長年競技に打ち込んでいる選手、メンタルの強い選手に贈られる愛称なので光栄です。アンディ・フグや衣笠祥雄も鉄人の愛称ですね。身体はすぐに痛くなりましたが大きなケガはなく、長期に渡って闘ってこられました。最後に大ケガしちゃいましたけど…

メンタルが強いかどうかは自分ではわかりません。ただいつも最善の準備を心がけました。練習で強くても試合に弱い選手がいる、反対に練習で弱くても試合に強い選手がいる。メンタルが関係してくると思います。後者だったのでそういう意味ではメンタルが強いタイプだったのかもしれません。ただ、どんな相手でもどっこいの試合になりやすかったですね。プロレス好きだったからでしょうか、解りません。メンタルトレーニングがある通り、これも鍛えようがあります。その手の本はよく読みました。日本は遅れている分野かも知れませんね。

メンタルで思い出しましたが「絶対に負けられない戦い」というフレーズをよく耳にしますが、あれは良くないフレーズです。なぜなら負けにフォーカスしているから。負けていい試合なんか一つもないのです。「絶対に勝つ」それだけでいいのです。このフレーズで硬さが出るなら「自分のプランを遂行する」

が良いでしょう。メンタルが弱いと思う選手はノウハウがあるのだからメンタルトレーニングを試してみるべきです。試してみて強くなる人もいれば、ならない人もいるでしょう。格闘技は特別にこの部分が左右するような気がします。

鉄人と呼ばれる人の共通項を探しました。自分の仕事を正直にやり抜こうとする人が多いように感じます。原寸大のリアルを熟知し、出来る限りを尽くす人ではないでしょうか。これはある意味、野生にも共通します。よく試合中に攻めていても、守っていてもレフェリーにストップをかけてくれと目で訴えるような選手がいますが好きではないです。止めるか止めないかはレフェリーの仕事です。試合後に雑誌やメディアの扱いが悪いと腹を立てる選手がいますが好きではないです。どんな試合を取り上げて書くかは記者の仕事です。ファイターの仕事はファイト、一生懸命に闘えばそれでいいのです。

40 苺狩り白書よもう一度

房総に苺狩りへ行った時の写真を元に描いた絵です。若干、ワイフの眉毛が細いですね。2018年の現在は少し前から太眉ブームですが、この絵の頃は安室奈美恵の細眉ブームを引き継いでまだ細いですね。男にもブームはあるのかもしれませんが女性は顕著です。時代が一周まわって再燃する事もあります。いつの日か、平安時代のような白塗りに、おでこに点を描くようなメイクのブームが来るかもしれませんよ。お笑い芸人、野生爆弾のくっきーが流行らせるかもしれません。

昔からワイフは変わらず隙っ歯です。海外セレブの間では隙っ歯から幸運が入ってくると言われ、隙っ歯に矯正する人までいるのだとか、世も末ですよ。ワイフは好きな海外セレブのマドンナも隙っ歯なのだから私もこれでいくと豪語しています。実際には髪の毛に赤ラインは入っていませんが勝手にアレンジしました。実際に入っていたら、なかなかのロッカーですね。指の感じが難しかったのですが頑張って描きました。ワイフは爪が大きく、手自体も女性にしては大きいので猿っぽい手をしているのです。

苺狩りに行く少し前にうちのおやじさんが100個食べたと自慢していたので、オレも最低100個は食べようと張り切っていました。10個食べては指折り数えて100個は食べられました。帰りにおしっこに行きたくなって大変でしたが…苺ってほとんど水分なのですね。

2017年末、2つの道場の大掃除がありました。一つは津田沼道場、2017年は現役生活を終えた特別な年、感謝の気持ちを込めて掃除しました。少年少女部の可愛いチビッ子達も大掃除に参加して

くれました。オレがベルトを肩に掛けているパネル写真を濡れ布巾で拭いてくれている女の子に「この写真、誰だかわかる？オレなんだよ」と話しかけると可愛い目を丸くして「ホントなの？」と驚いていました。

出稽古でお世話になっているドゥーロジムの大掃除にも参加させてもらいました。ドゥーロジムの渡邊コーチには修斗の王座を獲る前からコーチ、セコンドを務めてもらっていました。大掃除の後、軽く打ち上げの飲み会があり、たまたま隣の席に座った韓国姓の女の子と話しました。おばあちゃんの代から日本に住んでいる彼女は日本人のようなものですが。彼女はフィットネスでキックボクシングを始めて1年、楽しく続けられているそうです。オレが結婚している話や12月24日のクリスマスイブが結婚記念日で10周年だという話をしました「10年なんてスゴイ。何かプレゼントしたんですか？」オレは「10周年でダイヤモンドなんてとても今は買えない。今年は療養中だから、入院中から年末までに撮った写真をコラージュして、百円ショップの額に入れて渡したよ」と答えると、涙ぐんで話を聞いてくれました。心優しい女の子です。

この10年はどうだっただろう。選手生活の後半、２００７年から２０１７年までの10年間は11勝13敗です。修斗でダブル王座獲得と陥落。佐藤ルミナ選手からの勝利。北米ＷＥＣチェレンジでは1万７０００人収容のアリーナで試合をしました。戦極参戦では国技館で相撲取り用の巨大な便器で用を足したり、試合をしたり。有明コロシアムでの試合は金的蹴りで反則負け。減量失敗や合宿でアカエイに刺されて半年欠場もありました。ケツの割れ目にオデキができて膿を絞り出して挑んだ試合を含む、修斗での3戦連続判定負け。計量失敗した体重超過選手との試合。パンクラスへの転戦と後半戦もいろいろありました。中には納得のいかない判定負けも数多くありました。そんな時にはふざけんなバカヤローと思っていればいいのです。ジャッジにとっては数ある試合の一コマかもしれませんが選手にとっては重い一戦、勝ちと負けでは天と地との差です。ジャッジの皆様には公正なジャッジとたゆまぬ勉強を続けて欲しいです。

どんな時でも楽しくやってこられました、幸せでした、充実していました。それはワイフのおかげです。いつもオレを励まし力になってくれました。全ての事柄は捉えようだと思います。最後の試合にしたって頭を打って手術までして格闘技は引退、最悪だと捉える人もいれば、あんな目にあったのに五体満足で生きているとはなんと運がいいのだと捉える事も出来る。ワイフにはこの1年間とんでもなく世話をかけました。入院初期は寒い中、一人で家に帰り、泣きながら夕飯を食べた日もあったと話してくれました。10年間、夫婦仲良く過ごしてくれてありがとう。感謝の気持ちでいっぱいです。これからは2人の時間が増えるけどよろしくね。

40 秘伝

左脳が浮腫んでいた事によって、一時的に右片側の手足がマヒしていました。箸もペンも持てませんでしたし、歩いている時には右足が遅れ、右腕も振られませんでした。脳の浮腫みが取れていくうちにマヒの症状は改善されていきました。ところが左右のバランスは悪いままで、胴体は歪んだままでした。

どうやって姿勢を改善していくかを考えていて解った事があります。全ての人に当てはまるかはわかりませんが知っていて、試してみて損はないでしょう。それは〝常に内腿に少しだけ力を入れる〟。座っていても、立っていても、歩いていても。これは以前からトレーニングを見てもらっているトレーナーにいつも言われていたのですが本当の意味で理解していなかったのだと痛感しました。常に何かを挟んでいる気持ちと言い換えてもいいかもしれません。これを実践すると自然に骨盤が起きます。腹筋と背筋に自然とちょうど良い力が入ります。プラスして頭頂部から少しだけ後ろを糸で吊られている気持ちにしてみます。こうする事によって左右のバランスが整っていきました。胴体が真っ直ぐになりました。今では以前よりも姿勢が良くなり、背が伸びたようだと言われています。

以前の自分がそうだったのですが武道は肚を意識するあまり、猫背になる人が多いように感じます。普段の事務作業などでも悪い姿勢になりやすいので注意が必要ですね。座った姿勢なら肘をつける環境を作ると良いです。たまに背骨を丸める反らす体操を取り入れるとなお良いですね。

競技をしてきて、身体の硬さは気になってはいました。入院中もリハビリで指摘されていました。時

壱
弐
参
肆
伍
陸
漆
捌
玖
拾

問があるので柔軟体操についても研究しました。理学療法士ですし今までの見て見ぬふりはよくなかったですね。

研究した結果、今回の絵で描いた10種類の柔軟体操に行き着きました。近年の健康ブームに乗り、ストレッチや筋トレ関連の書籍は腐るほど出版されています。いろいろ目を通しましたが何しろ種類が多すぎます、とても覚えきれません。1日にこれだけやればいいよっていうものがあればいいのにと感じました。

この絵の柔軟体操は股関節周りと肩甲帯周りの柔軟体操をメインにしています。身体のどこかを曲げたままできる柔軟体操になっているのがポイントです。身体の硬い人でも痛みなく行えます。絵は秘伝の書風に漢数字を入れて筆ペンで描いてみました。小さく塗りつぶしている部分が伸びている筋肉の場所です。一つのポーズに3呼吸×1～2セット。伍、捌は左右に揺らしながら長めに1セット。まあ全部適当で。

題して元格闘家の理学療法士が教える「体が硬くて痛い人のための適当、柔軟体操」これも書籍化どうでしょう？　普通は若くてキレイなお姉さんがモデルですがこの本のモデルは出来ればミスター適当、高田純次がいいですね。無理なら適当に体の硬いおじさんでいいです。柔軟体操を続けて飛躍的に身体が柔らかくなりました。今も週一で体の使い方をメインにウェイトトレーニングも合わせたトレーニングをしているのですが体重が減ったにもかかわらず以前と変わらない重量で、何と言ってもキレイなフォームでトレーニングできるようになっています。胸腰椎移行部の柔軟性が低くまだまだ課題はありますが。

体が柔らかければ痛みも出にくく、ケガもしにくい。そればかりではなく可動域が拡がる事によってパンチが伸びる。寝技ではしかけられる技が増える。現役中はとにかく時間が無かったのでスパーリングの時間を第一に考えていたのですが、それではいけなかったと感じています。柔軟体操はもはやトレーニングです。余談ですが一時期、スポーツ前の静的ストレッチはしない方が良いという論調が主流でしたが、今は静的ストレッチも取り入れた方が良いとされているそうです。

先ほどの、内腿に少しだけ力を入れる、頭頂部から吊られる気持ちで軸を立てるという意識も身体の柔軟性に関係していました。軸を立てて体の内側を意識すると、外側の筋肉の使い過ぎを減らせて身体が硬くなりにくくなるのです。競技を離れてからの気付きも多く、もっと早く解っていればなという事も多いですが、それは仕方がありません。後輩にアドバイスしてあげられればと感じています。

今は心身をリセットするこの時間が必然的に用意されたのではないかと思っています。ＤＮＡ検査が進歩し、自分にどんなスポーツが向いているかを調べられるそうです。昔は高額だった検査費用も２０１８年では７０００円程度にまで落ちたようです。心身が整ったらこの検査を受けてみようと思います。もしかしたら格闘技が向いていなかったりして？（笑）

今は年齢別の競技もたくさんあるし何か全く別の競技に楽しみを持ってチャレンジしてみるのもいいかもしれません。

41 大日如来

絵は自分の生まれ年の守り神である大日如来を描きました。周りに書いてあるのは真言と呼ばれる、唱えるだけで幸せになれるというありがたいお言葉です。以前オレの事を浮世絵師の生まれ変わりだと言った霊能力者に教えてもらいました。元はインド由来のサンスクリット語なので呪文のような節回しです。意外と信心深いし、こういうのに興味があるのです。オカルトも好きですし（笑）。

今回はあまり人に話さない「死生観」の話。

前にも書きましたが小心者なので、試合のストレスに比べたら、それ以外は屁のようなものと考えてしまいがちです。試合中も必死なので身体の痛みは感じません。後から身体のあちこちが痛くなってきます。K―1の魔裟斗選手が試合で殴られた時は「痛ぇ」と感じるとテレビで話していました。きっと冷静なのでしょう。タイプにもよるのかもしれません、アドレナリンの分泌量にも個人差がありそうです。痛みを感じてそれに堪えて試合をするのも並みの精神力ではありません。

よく試合前に遺書を書くという選手の話を聞きますが、試合に関しても捉え方は人それぞれです。同門の髙谷番長なんかはお互いがプロになりたての頃「試合なんて、タイマンで、リングでグローブして闘って、レフェリーもいるんだから安全だよ。人間そんな簡単に死なないよ」と話していたのでさすがだなと思いました。その、なかなか、ならない状況でオレは死にかけたのですけれど…

臨死体験でもしていれば「死」への恐怖心に変化が現れたのかもしれませんが残念ながらなかったです。小さい頃から自分が死んでしまう事が怖くてたまらないです。今は昔よりもマシなだけです。共感してくれる人も何割かはいると思います。死んでしまったら自分のこの気持ち、この意識はいったいどこへ行ってしまうのか？何もなくなってしまうのか？考えると怖ろしくてたまりません。自殺なんてとてもできません。天国や地獄という死後の世界があるのかもしれませんし、全く何もなくなってしまうのかもしれません。ワイフなんかは自分がいなくなるより、オレを含めた家族がいなくなる方が怖いと言います。『死ぬのが怖いとはどういう事か』という本に書いてあったのですが、怖いと考える人は逆に「自分だけが永遠に生きていたらどうか」を考えると良いと書いてありました。これはワイフが言っている怖さと共通する所があるのかもしれません。もしも、みんなが死んでしまうのに自分だけが永遠に死ななかったら、それはそれで、やはり怖ろしいです。

死ぬのが怖いのに何で格闘技なんて他より危ない競技をするのかと言われてしまいそうです。ビートたけしが「死ぬのが怖い人程、危ない事をしてしまう。若いうちはこれが当てはまる人も多くいる。歳をとって死ぬのが怖くなくなったら逆に危なっかしい事しなくなるんだよ」とテレビで話していました。

不思議だけれど、オレの場合もそうだったのかもしれません。格闘技では「死」とは逆の「生」を感じていたのかもしれません。

第4章

終わりははじまり

42 世界の終わり

バンド、ミッシェルガンエレファントの絵を描きました。代表曲の「GWD」はプロのリングに上がっていた頃に入場テーマ曲で使っていました。洋楽を直訳したかのような、半分は意味不明な歌詞、楽器の音が一つずつ乗っていくイントロ、チバユースケの嗄れ声、全てが格好良かったですね。この絵は2003年、幕張メッセで行われたラストライブの映像を元に描きました。青黒い照明に照らされている感じを出すために背景から色を塗りました。

残念ながら当時は好きなバンドのライブを観に行くという発想がなかったので現場には行っていません。ワイフと付き合いだしてから好きなバンドのライブを観に行くようになりました。

左手前にいるのはギターのアベフトシ、右奥はボーカルのチバユースケです。ダブルアンコールのラストはデビュー曲の「世界の終わり」でした。まるでこの日が来ることを想定して作られたかのようなデビュー曲。音楽の詳しい事はわかりませんが、デビュー曲でこの楽曲は完成度が高いと思うのですよね。今、「セカオワ」と呼ばれるバンドが人気を博していますが、オレにとって「世界の終わり」はミッシェルガンエレファントの「世界の終わり」以外にはあり得ません。

右奥のチバユースケは歌いきって燃え尽きたかのように天を仰ぎます。その隣いつも無表情でギターをかき鳴らす長身のアベフトシは存在感抜群です。最後の曲の途中でギターの弦が一本切れますが、意に介さずそのまま無表情で弾き続けます。なんとドラマチックな、後奏でほんの一瞬だけ絵のような激

しい表情になります。ほんの一瞬だけでその後には曲が終わり、今までライブで笑顔も作らず、MCも一切してこなかったアベフトシが、「ありがとう！」笑顔で手を挙げます。

どのような経緯で解散に至ったのかは当事者同士でしか解り得ません。ですが観た者が何を思うかは勝手なので書かせてもらいます。アベフトシは解散に反対だったのではないのかな。どうにもならない気持ちが一瞬だけ最後に出たのではないのかな。ミッシェルガンエレファントが解散の２００３年、アベフトシは２０１７年のオレと同じく37歳。その後、３年だけ音楽活動を続け晩年は地元の広島に戻りペンキ屋で生計を立てていたと聞きます。２００９年、42歳、酔っ払って転んで、オレと同じ病名の急性硬膜下血腫で亡くなっています。これだけの才能を持った人が晩年そんな生活をしていたなんて調べてみるまで知らなかったです。不器用な人だったんだろうな。寂しい。でもそれが不幸と決めつけはしない、それはそれで楽しくやっていたのかもしれない。

今は元ミッシェルガンエレファントのチバユースケとクハラカズキが在籍しているザ・バースデーのライブを観に行きます。チバユースケはミッシェルガンエレファント時の狂気はなくなり、ザ・バースデーの楽曲もどこか明るい雰囲気になりました。それはそれで良い感じに思えます。あの狂気は若いうちにしか出せないものなのかもしれません。格闘技も同じように若い頃にしか出せない狂気があると思います。

格闘技は他の競技とは一線を画します。スポーツの原点ではあるけれど、スポーツではないとオレは思っています。テストステロンのピークを越えた30代からオレのファイトスタイルも闘争から競技志向

あったように感じます。そこからもやってこられたのは若いうちからの技術の積み重ねがあったからこそだと思いますが、本来の自分のファイトスタイルではなくなっていったのかもしれません。

よく日本人格闘家は外国人格闘家に比べてハングリー精神に欠けると言われますが果たしてそうでしょうか？　金の為に闘いの場に上がる人は他に稼げる事があればやらないのでしょうか？

論ずるべき点ではないと思います。情熱があるからやるのです。ただそれだけです。プロモーターはこれからもずっとファイトマネーと保障を第一に誠意を持って応える精神でお願いします！

43 虎の眼

ボクシング界のスーパースター、マニー〝パックマン〟パッキャオを描きました。プロデビューしたフライ級からおよそ20キロ増しまでの階級で勝ちまくっているフィリピンの英雄。チャンピオンになったのは6階級ですが実質10階級制覇の怪物です。こんなボクサーはもう、おそらく出てこないでしょう。強打をふるっていく好戦的なファイトスタイルが好きです。自分にないものに憧れますね。パッキャオの事は入院中の「マニー・パッキャオVSティモシー・ブラッドリー」以来に描きました。

ボクシングは好きで毎週、WOWOWのエキサイトマッチを録画して観ています。年間を通してオレの選んだベストバウトトップ3を選んで毎年DVD化しています。海外の選手はチャンピオンクラスの選手でもメチャクチャな打ち方をしていたりするので面白いです。要は当たれば何でもいいのです。むしろ型破りなパンチの方が見慣れていないので当たるのかもしれません。日本人がいかに真面目過ぎるか解ります。

ベストバウトというのは必ずしもKO決着の試合ではないと思うのですよね。その昔、秒殺などという言葉が流行りましたが真のベストバウトは秒殺ではないと思うのです。互いの力が拮抗したシーソーゲームこそがベストバウトになり得ると思っています。でもまあマニアになればどんな試合でも楽しめますよ。これからは、格闘技は観る専門なので気楽ですね。ワーワー言っていればいいのですから(笑)。DVDは必ず返してくれる人には貸し出しもしていて好評ですよ。ある道場生は飛行機の機内で観てい

たら隣の外国人に一緒に見せてくれとせがまれて、飛行機を降りる頃には仲良くなってたって（笑）。

パッキャオの入場からゴングが鳴るまでの雰囲気が好きです。オレはプロレスから格闘技に入っているので余計にそう思うのかもしれませんが、やっぱり格好良い選手って入場から雰囲気出ているのですよね。プロレスラーなんかは試合よりも入場と試合後のパフォーマンスで成り立っている人もたくさんいます。パッキャオは入場曲のバンドAC／DCのサンダーストラックからバンド、サバイバーのアイ・オブ・ザ・タイガーの流れも良いですね。入場してくる時はニコニコして笑顔を振りまいているのですが、リングインしてコーナーにしゃがみ込み、神様にお祈りをして振り返った瞬間に絵のような物凄い形相に変わります。まるで虎の眼をした野人です。これが格好良いのですよ！　パッキャオの真似をしてオレも笑顔で入場しようとした事がありましたが、緊張してとてもその余裕はなかったです。無理無理（笑）。緊張感のある気合の入った入場は、それはそれでオレらしくて良かったのかもしれないですけど。

ボクシング五輪金メダリストでミドル級チャンピオンの村田諒太選手はパッキャオ意識もあるのか笑顔の入場ですね。偉そうですが大した肝っ玉ですよ。村田選手は大分年下ですけどその言動には共感するし、尊敬しています。

絵はWOWOWのプログラムの写真を元にして描きました。神々しさを出すために、背景と頬の部分を金色に塗りました（巻頭カラー参照）。神々しさというよりは立体感が出ましたね。ワイフの助言で眼を血走らせました、野人の雰囲気が出ましたね。

四度目の対戦で初めてマルケスに負けた２０１２年12月８日、その試合の帰国時のドキュメンタリー番組があります。過去の両者の３試合は１回目が３者３様のドロー、２回目、３回目はパッキャオの僅差の判定勝ちです。４回目のパッキャオ壮絶ＫＯ負けの後、ラスベガスからフィリピンに帰ってきても出迎えなど皆無だと思っていたパッキャオに対し、先が見えない程の大観衆が空港の外で待っていました。勇敢に闘った自国の誇りの帰国を待っていたのです。

「自分が国を背負っていると思っていたけれど、本当は自分が国に支えられていたんだ」このパッキャオの言葉にはグッときましたね。パッキャオはここからも立ち上がるのです。

44 シュートサイン

春！光り輝く希望の季節！2018年3月25日、修斗後楽園ホール大会にて津田沼道場所属、田村彰敏は総合格闘技の競技者を卒業します！（小学校の卒業式風に）

この日は急に暖かくなり、桜も満開で狙ったわけではないのですが、晴れやかな舞台となり幸運でした。普段はほとんど着ないスーツに、新調したラッキーカラーのネイビーとピンクが入ったネクタイを締めました。今春、女子高生になる道場生の娘さんは10年以上も前からお父さんと試合の応援に来てくれているのですが、その娘さんが舞台袖から現れたオレの出で立ちに「格好良い！」と第一声をもらしていたと聞きました。普段、道場ではジャージしか着ていないので、その変わりようにビックリしていたようです。この話を友人にすると最低5年は引っ張れるネタだと言ってくれました。30歳の時に坊主頭でジャージを着て市民プールに行ったら、受付のおばちゃんが「高校生1枚ね」と言ったという話をすると、そのネタは一生引っ張れると笑っていました。友人が描いてくれた似顔絵を机に並べ、初めて自分でチケットの受付係りをしました。オレには慕ってくれる仲間がたくさんいる。改めて感じました。

聞くところによると後楽園ホールは締めの時間が決まっていて、支配人は、セレモニーは時間がおすのでやりたがらないらしいです。ですが、ケガから生還した選手がいて、その選手がタイトルを獲ったのも後楽園、引退セレモニーも後楽園にしたいと坂本プロデューサーが話すと快諾してくれたそうです。皆様に感謝の気持ちでいっぱいです。

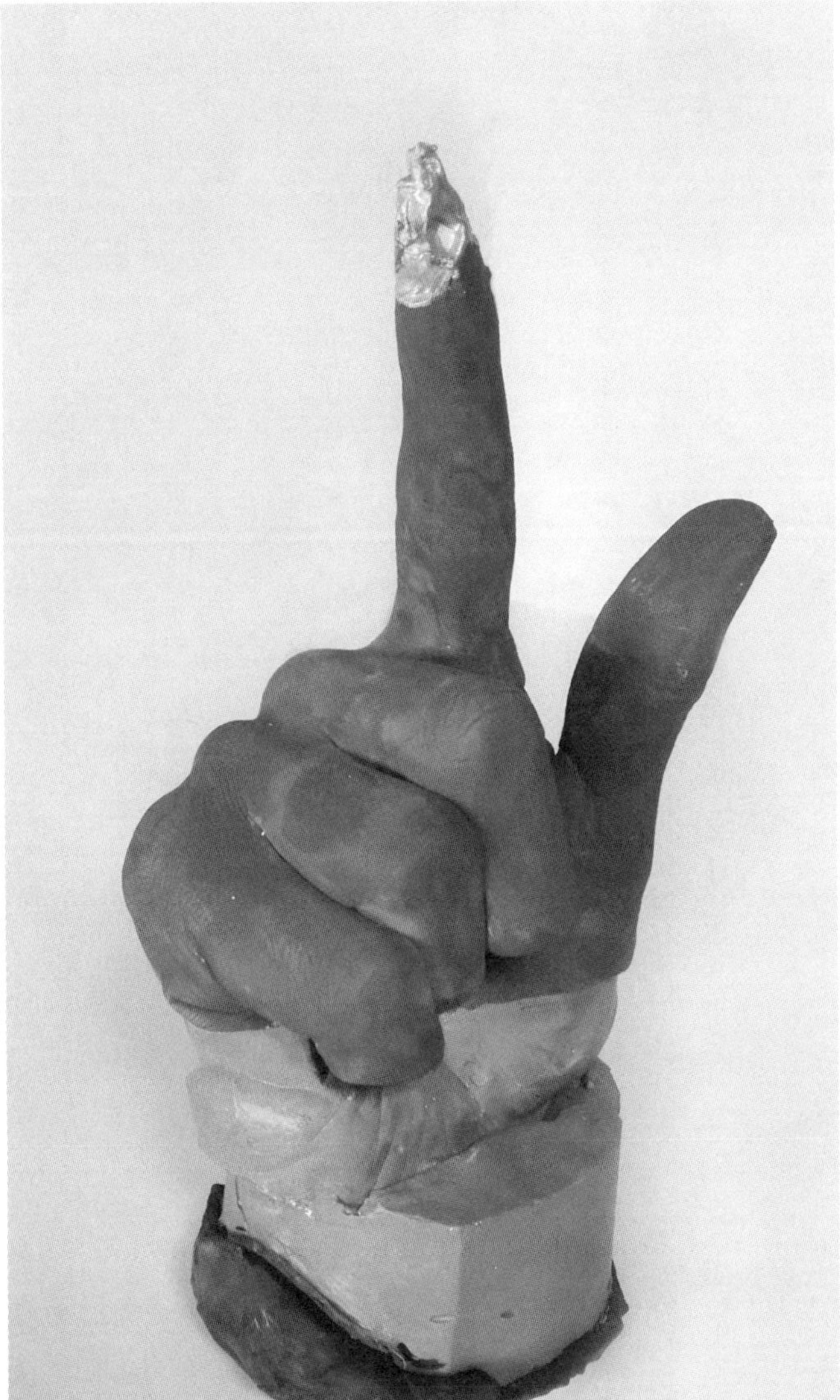

２０１７年、アイドルグループＡＫＢ48のメンバーが女子プロレスラーに扮するテレビドラマがヒットしました。その主題歌が「シュートサイン」だったそうですが、この意味を知っている人は少ないのではないでしょうか。プロレスの隠語で「シュート」とは真剣勝負を意味し修斗の語源もここからです。シュートサインとは人差し指と親指を立てて、拳銃に見立てた形にする事なのですが、昔のプロレスラーがガチンコ、即ち真剣勝負をする時のサインだったそうです。うちのおやじさんはジャンケンのチョキがこの形ですけどね…

今作はそのシュートサインを、押し入れで眠りっぱなしだった小学生の工作用、石膏キットで作ってみました。実はこれ、元津田沼道場バッファロー新美さんが働いている粘土会社の商品なのです。説明書を読んで作り始める前はワクワクしましたね。言い訳なのですがキットが小学生用なので、手がちょっと大きすぎてうまくいきませんでした。石膏を流す時にももっとドバドバ入れた方が良かったかもしれません。追加分の時は固まってきていましたし、人差し指先と手の平、下半分に欠けちゃっている部分があるのですよ。それでも味という事でよいかもしれません。色は大地、緑、海をイメージして塗りたくりました（巻頭カラー参照）。自然界こそ真剣勝負の世界だろうとの思いも込めて。縦に置いたら人差し指を立てた一番のサインに見えます。欠けている指先部分を金色で盛りました。あの時代、完全ではなかったかもしれないけれど、みんなで一番を目指して汗を流した。それだけで良い思い出です。

大会が始まり、後輩のセコンドに付きました。上下共スーツのままでセコンドを務めようかとも考えましたがプロレスの悪徳マネージャーみたいになると思い、ジャケットは脱いでトレーナーに着替えました。入門当時にもらった「左向け、右！」的な愛国心満載の激レア、津田沼道場初期のトレーナーです。開会挨拶で先輩の引退に花を添えます的な事を言ってくれた仲山ですが、試合展開は良かったものの、まさかの一ラウンド中盤、逆転のギロチンチョークで一本負け。ここで勝たせてくれないのが真剣勝負、こういう事もあります。修斗だけはガチ！

事前に用意して渡しておいた仲間との写真が散りばめられた紹介ＶＴＲが流れた後、入場曲ミッシェルガンエレファントのＧＷＤが会場に響きました。この曲で選手として入場するのは本当の最後、笑顔で入場できたのも最初で最後。この曲にして良かった。坂本プロデューサーから修斗ドラゴンが刻印された記念のシルバーチャンピオンリングと、写真家の長尾さんから選手時代のパネルを２枚も頂きました。粋な計らいにビックリしました。宝物にします。

続いて津田沼道場本部長、登壇してもらう事は誰にも言っていなかったので、みんなには逆ドッキリでした。本部長はジャージ姿でちょっと申し訳なかったです。でも普段の飾らない姿で良かったのではないでしょうか。順に渡邉コーチ、津田沼道場四天王のキックボクサー悠作さん、この日はレフェリーもこなし軽量級の試合中ではケージ上で一番強そうだった体格のいいバッファロー新美さん。この間、注文していないのにミッシェルガンエレファントのラストナンバー「エレクトリックサーカス」を音響係りの方がチョイスして流してくれたのにはシビレました。「澄み切った色のその先に行く」引退セレモニーにピッタリです。

最後は昔、一番一緒に練習した喧嘩番長、髙谷さんが登壇してくれました。髙谷さんが初めて格上とのマッチメイクで強豪ブラジル人を迎えて試合をする前、道場生がなぜか少なく２人で対策を練って試合に挑みました。前半の絶体絶命のピンチを乗り切り、後半盛り返して優勢なドローに決した試合を今でも鮮明に覚えています。仲間の試合ではいつも泣いてばかりでしたね。

そして最後の挨拶。

「1年前、僕は入院していました。試合後に倒れて頭を手術し、一時的に右半身のマヒ、目、耳、言葉の障害を体験しました。奇跡的に生還できたのは、家族と仲間、救急隊員と病院スタッフのおかげです。MMA戦績21勝18敗2分け。掣圏道1勝1敗。ミャンマーラウェイ1勝。16年間、夢中で駆け抜けました。

9つの団体で試合をしましたが、そのうち修斗ではアマチュアを経てプロデビューさせてもらい、半数以上の25戦をしました。たくさん勝って、たくさん負けました。チャンピオンにもならせてもらい、1試合、1試合、思い出が詰まっています。キャリア後半は他団体に出ていたのに、セレモニーの舞台を用意してもらい感謝の気持ちでいっぱいです。修斗はいつでも温かく迎えてくれる故郷のような団体です。僕は戦いの舞台から去りますが、これからも受け継がれる修斗の魂を応援してください。これからの人生はお世話になった道場、格闘技、ファンの皆様、心配をかけた家族、何より僕を一番そばで支えてくれた妻の美優希に感謝の気持ちを返せていければと思っています。皆様、本当にありがとうございました。」

ワイフをケージに呼んで、2人でテンカウントゴングを聴きました。前代未聞でしょう。上から呼んだ時にワイフが既に泣いていたので一瞬だけ泣きそうになりましたが、そこまでには至りませんでした。

2人で写った写真のワイフは泣いているのだけれどハンバーガーを食べているようにも見えました。もぐもぐタイム。「食べる訳ないでしょ！」と怒られました（笑）。

他にも多くの人が涙してくれていたと後から聞きました。昔の仕事場の同僚は泣きすぎて、ワイフと間違われたのか、ワイフ登壇前にカメラに抜かれていました（笑）。降壇する時、泣いているラウンドガールの女の子もいました。オレの事をよく知った人も、そうでない人にも何か伝わるものがあったのだな、それってスゴイな。自分自身はというと「無心」でした。この場所ではいつも無心だったのかもしれません。

45　即身仏

転勤している弟が、新潟マラソンに出るというので両親とワイフで応援に行きました。通っている歯医者さんからは「メチャクチャ良い家族じゃないですか、今時そんな家族なかなかいないでしょ」と言われましたが、そんなものでしょうか。オレの試合にも家族は毎回、応援に来てくれていました。そう言われるとありがたかったと本当に思います。この新潟マラソンには、２００３年1月、プロ３戦目の相手、風田さんもエントリーしているとの話だったのでフェイスブックを通じて連絡を取ってみました。

引退した後、自身で主催しているジムにも遊びに来て下さいと言って頂き、マラソン前日にも関わらず快く迎えて頂きました。風田さんとは新人王トーナメントの1回戦で当たり、ドローでしたが1票こちらに入っていたので、オレの2回戦勝ち上がりならぬ、引き分け上がりでした。風田さんに主催ジムであるピロクテテス新潟の名前の由来を尋ねると、ギリシア神話に出てくる、ヘラクレスからもらった弓矢で活躍した英雄だと教えてくれました。なるほど「だからロゴのデザインがPの字と弓矢を掛けているんですね」と話すと「ロゴは知り合いに作ってもらったんだよ。そうだったのか！今、気が付いた」という天然ぶりです。

例年よりも気温が高くランナーには厳しい条件でした。弟も風田さんも目標タイムより1時間以上オーバーしてゴールしました。風田さんは弟よりも速いタイムを宣言していたので弟がゴールした時点で

見つけられなかったので見逃してしまった、申し訳ないと思ってホテルに帰りました。実は弟のゴールの30分遅れだったと後で聞きました。「ガッツポーズすると力が出るから最後はメチャクチャにガッツポーズしながらゴールしますからね！」そう宣言していましたが、マッチョでそんな事をしている人はいませんでしたからね（笑）。

翌日、新潟を観光して帰りました。有名な弥彦神社ともう一か所位どこか観て回りたいなと思っていました。観光ガイドブックのマップに細かい字で西生寺、日本最古のミイラを安置と書かれているのを見つけていたので行ってみる事にしました。

平日の朝早かったせいか訪れている人は誰もいませんでした。ここに来てわかったのですが、弘智法印・即身仏は六百年前の千葉県匝瑳市の出身だという事。木喰行とは五穀（米、麦、粟、黍、豆）断ちの後にプラス五穀（蕎麦、小豆、稗、芋、唐黍）で十穀断ちし、木の実、草の根を食べて体脂肪を落としていく修行という事。腐らない身体を3000日（8年少し）かけて作り上げ最後は絶食して即身仏になるという事。とんでもない修行です。パンフレットには強い意志とたゆまざる行為がもたらす可能性を信じて、常に感謝と努力と反省の全力投球をする時、必ず願いが叶い実現すると書かれています。スゴ過ぎます。エジプトのミイラとは訳が違います。あれは私腹を肥やした王様が奴隷に大きな墓を作らせ、その中に入ったもの。死んだ後に腐らないよう内臓の処理をしてもらっています。即身仏は質素な寺の中で、自力でこの状態に持っていくのです、精神が違います。一緒にしてはいけません。即身仏を観て怖いという感情は全くありませんでした、むしろ崇高な気持ちになりました。

この衝撃を受けて今回の一枚が出来上がりました。蝋燭のぼやっとした感じを最後に書き加えて良い感じに仕上がりました。弘智法印はカチコチの様子でした。最後の瞬間まで合掌していた事に驚愕しました。住職夫妻に別れ際、千葉から来た事を伝えると「弘智様も喜んでくださっています」と言って頂けました。

即身仏を観終わった後、風田さんが山の上にある西生寺から見下ろした景色が素晴らしいからぜひ見てくださいと言っていたのを思い出し、寺の横にある展望スペースに行きました。残念ながら曇っていたのであまり良い景色とはいきませんでした。風田さんは即身仏よりもこの景色の方を推していました。きっと晴れていれば素晴らしいのでしょう。弘智法印も生きてこの景色を観られている〝今〟が最高なんだよ！と言うような気がします。晴れている日にもう一度、弘智法印に会いに行きたい。

46　検見川ハス祭り

タイ人のリングネームはムエタイでもボクシングでも個人のリングネーム（愛称）の後に所属ジムまたはスポンサーの名前がセットになっています。初めてキックボクシングを観に行った時にはそれがわからなくて、スゴイ名前の人だなと思って観ていました。例えばK―1で活躍して2017年も現役のブアカーオ・ポー・プラムックの場合はポー・プラムックジムのブアカーオ（タイ語でハスの意味で愛称）になっています。今回の絵とハス繋がりで思い出しました。素敵なリングネームですね。2004年7月、渡緬した後の渡泰で、ルンピニースタジアムで観戦した際にK―1で魔裟斗に勝ったばかりのブアカーオに会ってツーショット写真を撮ってもらいました。手元に写真はないのですが誰かに撮って貰ったのですよね。内心、ミャンマーに行ってブアカーオみたいなのが相手だったら嫌だなと思っていました。通訳さんを通してミャンマーラウェイをしてきたと話すと、ブアカーオは顔をしかめて「よくやるな、アレには出たくない」というジェスチャーをしました。オレだって乗り気じゃなかったよ。ブアカーオでもやりたくないのだと知って面白いなと思いました。

絵は、毎年開催される検見川ハス祭りを描きました。はっきりした線で下絵を描けたので思い切ってデザイン画に仕上げました。葉の部分はクレヨンで色塗りしています。花弁の部分も一部クレヨンで塗ったのですが鉛筆の黒と混ざって汚れたピンクになってしまったので修正液で補正、その上をピンクの

サインペンで塗るという二度手間、三度手間を掛けました。検見川は大賀ハス（二千年前の古代ハス）が見つかった土地です。津田沼と稲毛に挟まれた快速電車が止まらない駅ですが、良い店やスポットもたくさんあるのですよ。小学6年生から住んでいますが、まさしく住めば都です。２０１７年は7月17日が観蓮会でした。一時は毎年の観蓮会がなくなりそうになりましたが地元のボランティアさん達の頑張りで存続しています。ハスの数やキレイさだけなら千葉駅近くの千葉公園のハスを観に行った方がいいのかもしれませんが大賀ハス発祥の地はここ検見川、そこを絶やさないようにしている人達の気位に魅かれます。

千葉県のゆるキャラはチーバくん（房総半島の形をした横向きの犬）が有名ですが千葉市のゆるキャラ、チハナちゃん（大賀ハスの化身）とカソリーヌ（加曽利貝塚をモチーフにした犬）が来ていて写真を撮りました。近くにいたおばあちゃんが「暑いのに大変ですね」と着ぐるみに話しかけていたら、係りのおじさんが「しーっ！」と注意していたのがシュールでした。たぶんボランティアのおじさん、おばさんが中に入っているのでしょう。何度も奥へ隠れて交代しているようでした。ご苦労様です。

ハスの花は好きです。仏教ではお釈迦様が乗っているので崇高な感じがします。仏教と言えば前述のタイ・ミャンマーも仏教国です。訪れた際は出家制度が残っているのでより日常に近い感じがしました。寺院が金ピカで仏像の周りが電飾のセンスには驚きました。オレもワイフも両親も特別熱心な仏教徒ではありません。おばあちゃんだけは熱心で毎朝、仏壇の前で経を唱えています。２０１７年の秋、おじいちゃんの十三回忌を家にお坊さんを招いて行った際、おばあちゃんは感極まって泣いていました。おやじさんが熱心ではないので「坊さん、ええ声しとるな。今度一緒にカラオケに行こう！」とか、最後にコンビ芸人、大木こだまひびきの持ちネタ「往生しまっせ」を言うのではないかと内心期待していましたが、さすがに言わなかったですね。

中学校の社会科の先生は「少々乱暴な言い方になるかもしれないが、仏教はあなた一人がいなくなっても世界は何も変わらない。どうせみんな遅かれ早かれ死ぬ。もっと大きな視点で見れば地球まるごとなくなったところで全宇宙から見れば何でもない事。だからいちいちやる事に何も気にするな。良いと思う事を一生懸命やりなさいと言っている」と説明してくれました。これを聞いてどう思うだろうか？自暴自棄になるだろうか？　そんな事はない。逆に生きるのが楽になるのではないか。こういう考え方、オレは好きだな。

47 ガラス越しのスタートライン

２０１７年の夏、初めて観に行った千葉競輪場をモチーフに描きました。この構図は行った人にしか描けない斬新なものではないかと自負しております。千葉競輪場ではガラス越しに目の前で競輪選手のスタートとゴールが観られます。こちら側と向こう側では大違い。それはリングでも同じでしょう。走る前を描いたのは一番右に見える白のユニフォーム、宮倉さんの精神統一のポーズがカッコ良かったから。両手を広げ深呼吸しているような感じに見えました、ルーティーンなのでしょう。競輪界ではポピュラーなのか似た動作をやっている人は何人もいました。そういえば自分も試合前はイメージトレーニングの時から同じ動作をしていましたね。スタート前の静寂と緊張感を絵に描いてみました。

２０１７年12月をもって一時閉鎖して建て替え工事、２０２０年のオリンピック後に再スタートするそうです。だからこの景色で競輪が観られるのも最後なのですね。今はインターネットの普及でいつでもどこでも誰でも車券が買えるので会場に足を運ぶ人が減ったのかもしれません。奥に見えるスタンドにはお客さんを入れていません。スタート、ゴールラインの所にだけお客さんが入っています。ギャンブルのシステムがあるので運営していけるのでしょう。でも、やっぱりスポーツでも音楽でもライブで観た方が面白いと思います。熱気の伝わり方が全く違います。格闘技もぜひ会場で観てほしいですね。世界が広がりますよ。

なぜ、競輪を観に行ったかというと、トレーナーについてもらい筋トレをしているジムに競輪選手もトレーニングに来ていて、そこで仲良くなった宮倉さんの応援に行こうと思ったのがきっかけでした。宮倉さんは50歳を超えて、第一線で活躍する競輪選手です。初めて会った時は太ももの太さにビックリしました。気さくに声を掛けてくれる、感じが良いジェントルマンです。地元、千葉のレースという事もあってこの日は大人気でした。

絵の左端にいるのは観に行った日にいた、競輪選手のコスプレをした熱狂的なファンのおじいちゃんです。ヘルメットを被り、全身タイツのモジモジくんみたいなホッソイ、おじいちゃんがいるなあと思って見ていたら競輪選手のコスプレだったのです（笑）。ここまで好きだと天晴れですね。後から聞いた話ですがホッソイ、おじいちゃんは千葉競輪の大ファンで地元千葉の選手を応援している名物おじいちゃんとの事です。

「みやく〝あ〟—、ガンバ〝エ〟よー！」

なぜかラ行の滑舌が悪いホッソイ、おじいちゃんの応援に吹き出しましたが同じ宮倉さんを応援しているので親近感が湧きました。オレもその隣で声を張り上げました。宮倉さん人気はスゴく、周りも「宮倉！楽勝だ！ブッチギレ！」などお祭り騒ぎ。

レースの結果は宮倉さん、残念ながら4着。お客さんはさっきまでとは手の平返しに「宮倉バカヤロー辞めちまえ！」…でもこれも応援しているからこそ、みんな宮倉さんに賭けていたからこその物言いなのですよね。メンタルの弱い選手はこれでやられてしまう人もいるみたいで厳しい世界です。

ここにいる人達のほとんどが歯抜け率の高い、昼間から酔っ払って大声を出しているおじさんかおじいさん。カオスな世界です。中には杖を突いた人も、盲目の人も、車イスの人もいました。世間的には良く見られないかもしれない。でも、みんな目が活き活きしていて楽しそうです。頭も使うし脳の活性化にも良いのではないでしょうか。まあ、全ては金が賭かっているからなのでしょうけれど。誤解を恐れずに言いますが、時間潰しに図書館に来てソファを占領し、起きているのか寝ているのかわからない死んだ目をしたおじいさん達よりもよっぽど良いと思います。そんな人達にも家族が少量でいいから競輪代を渡してあげればいい。オレも歯抜けでもいつまでも活きた目をしたじいさんでいたい。

48 イーグルは飛んで行く

前世が浮世絵師だったからか、なぜか小さい頃から絵を描くのが好きでした。今作は小学生の頃、図工の時間に作ったステンドグラス風の版画です。今でも実家の玄関に飾ってもらっています。黒い紙の上に、黒線で残る部分以外をくり抜いたシートを上から被せて色を塗る。塗り終えてからシートを剥がして出来上がり、そんな工程だったような気がします。

昔から龍や虎、鷲なんかの強そうな動物モチーフの絵を描くのが好きでした。キン肉マンやガンダムの絵を描くのも好きでした。その影響からか、今でもスカジャンやアロハシャツの絵柄が好きでたくさん持っています。購入するのは決まって本八幡にある習高柔道部で2学年下だった後輩がやっているジーパン屋です。この後輩は変わり者で前職が自衛官、たまたま駅で出くわして「自衛隊を辞めて千葉に戻ってきた。おやじの後を継いでジーパン屋になる」そう聞いたのを思い出して店を訪ねたのがきっかけでした。

絵を描くのは昔から好きだったのですが、仕事と格闘技の生活では時間的に入り込む隙間はなく、現役中はほとんど絵を描く事はありませんでした。ケガをしてから、こんなタイミングでまた絵を描く事になるとは思わなかったです。ワイフがプレゼントしてくれたままで眠っていたアクリル絵の具、パレット、筆のセットもここにきて活躍するとは思いもよりませんでした。

格闘技も、絵を描くのも好きだったからやった、もしくは、やっている事であり、何でそんなに好きなのかはよくわからない部分もあります。とにかく昔からそういうのが好きだったとしか言いようがありません。深層心理テストなんかではどう出るのでしょうか？　自分が弱いから、強そうなものに憧れて絵を描いたのかもしれません。もしくは冒頭の生まれ変わりの話か…小さい頃は喘息があり身体が弱く、線が細かったです。絵にしても格闘技にしても求道的にやってしまう部分がありますね。これも何が核なのかは、はっきりとわからないのですけれど…

元船乗りで、船を降りた70歳から独学で毎日休むことなく海と船の絵を描き続けた、おじいちゃんの画家、アルフレッド・ウォリスの事をテレビで知り、展覧会にも行きました。絵が上手いとか下手とかそんなものを超越した、どこか求道的な生き様を魅せられた気がしました。こういう事だよなって観いて思いました。

絵に関しては自分の中での「格好良い」を目指して描いています。別に誰に媚を売るでもないです。独断と偏見ですが、よく街中にいる似顔絵描きみたいにモデルより美人や美男子、可愛い子供に描こうとは思いません。オレはオレのそのままの感覚で描くだけです。オレの絵を気に入ってもらえれば嬉しいです、気に入らなくてもよしです。よく有名な画家でも生きているうちは評価されなかったみたいな話があります。ヒロトの歌にもありますが、人を褒めるなら生きているうちにしてあげて欲しいですね。まあそんな事も本人にとったら「そんなの関係ねぇ」事なのですが。あ、オレの事は気に入っていたらすぐ褒めてくださいね（笑）。

おわりに

こんな得体の知れない、本を手に取り、最後まで読んでいただきありがとうございました。発刊してくださったBABジャパン並びに、担当編集の原田さん、ありがとうございました。

退院後、入院中に描いた絵に文章を付けてSNSにアップしていたところを原田さんの目に留まり、書籍刊行へのミッションが始まりました。原田さんとの出会いは、格闘技の現役時代に何か取り入れられるのではないかと思い、一時期通っていた合気道の練習場でした。原田さんは合気道の先生を取材しに来ていて、そこで出会いました。オレに興味を持ってくれた原田さんは、現役後半の試合をよく会場に観に来てくれました。会場では会わないのですが、いつも後から試合の感想をメッセージしてくれていました。入場テーマ曲にしているミッシェル・ガン・エレファントのファンでもあると聞いて話も合いました。合気道には何回か通って、わりと直ぐに辞めてしまったのですが、そこで出会った原田さんとは今でもこうして繋がっています。人との出会いは不思議なものです。

この本はオレの人生の数奇な巡り合わせに溢れています。でもこれは誰の人生にでも当てはまる事です。たまたまこの時代に生まれ、たまたまこの場所で、たまたまこの人と出会う。それは全て奇跡の出会いです。人それぞれが物語になります。それをどうとるのかはその人次第です。いろいろなアンテナを張り、それを発見し、その都度、楽しんでいけたらいいんじゃないかしら。

多分、採算度外視でこの企画を勧めてくれたと思うのですが、オレとしては原田さんのためにも売れて欲しいですね。コマーシャルの仕方が重要だな、何か良い案を考えないと。本が売れた後は、これを期にテレビドラマ化、続いて邦画化の話しが進み、主演はジャニーズ、V6の岡田准一、石田ゆり子でどうでしょう？　岡田君はUSA修斗インストラクターの中村頼永さんのお弟子さんなんですよ！　そのまた先はハリウッド映画になってくれればいう事無し…　書くだけはタダなんで妄想を膨らませました（笑）。

書籍の帯もオレなりに考えました。「ある理学療法士で格闘家の身に起こった奇跡の実話に日本中が泣き笑い!?　コレは新しい大人の絵本だ。（いやらしい意味ではなく）　読まなくてもいいよ！　そのまま飾っといてもらえれば（笑）　あー誰か映画化してくんないかな？」

採用されてるかしら？

2019年5月

田村彰敏

田村彰敏（たむら　あきとし）
1980年5月31日生まれ。元総合格闘家。理学療法士。
少年期はプロレスラーを目指していたが、習志野高校柔道部を経て、2001年、津田沼道場よりプロ修斗デビュー。同時期に専門学校を経て理学療法士となり、二足の草鞋生活に。
2004年にミャンマーで国技ラウェイのリングに上がり、ラウェイ史上初めて、外国人として王者に勝利する（4RKO）。2007年に修斗世界ライト級チャンピオン。2017年、試合中に受けたダメージで生じた急性硬膜下血腫により生死の境をさまよう。2018年引退。

装幀・本文デザイン：長久雅行

オレの好きな48のファイトスタイル
格闘家にして理学療法士　奇跡の再起道！

2019年6月10日　初版第1刷発行

著　　者　田村彰敏
発 行 者　東口敏郎
発 行 所　株式会社ＢＡＢジャパン
〒151-0073 東京都渋谷区笹塚1-30-11 4・5F
TEL　03-3469-0135　　FAX　03-3469-0162
URL　http://www.bab.co.jp/
E-mail　shop@bab.co.jp
郵便振替 00140-7-116767
印刷・製本　中央精版印刷株式会社

ISBN978-4-8142-0197-6　C2075

BOOK Collection

柔術（やわら）の動き方　「肩の力」を抜く!

～相手に作用する!反応されない!～

簡単だけどムズかしい？　“脱力”できれば、フシギと強い!　筋肉に力を込めるより効率的で、“涼しい顔”のまま絶大な力を相手に作用できる方法があった!　柔術は、人との関わりのなかで最高にリラックスする方法。日常動作や生き方にも通じる方法をわかりやすく教える!

●広沢成山 著　●四六判　●220頁　●本体1,800円+税

武術の“根理”

何をやってもうまくいく、とっておきの秘訣

「肘は下に向けるべし」すべての武術はこの原則に則っている!　剣術、空手、中国武術、すべて武術には共通する“根っこ”の法則があります。さまざまな武術に共通して存在する、身体操法上の“正解”を、わかりやすく解説。あらゆる武術から各種格闘技、スポーツ志向者まで、突き当たっていた壁を一気に壊す重大なヒント。これを知っていれば革命的に上達します。

●中野由哲 著　●四六判　●176頁　●本体1,400円+税

新世紀身体操作論　考えるな、体にきけ!

本来誰もに備わっている“衰えない力”の作り方!

“達人”に手が届く!とっておきの日野メソッド多数収録!　「胸骨操作」「ラセン」「体重移動」…アスリート、ダンサー、格闘家たちが教えを請う、身体操法の最先端!　「日野理論」がついに初の書籍化!!　“自分はできてなかった”そこからすべてが始まる!　年老いても達人たり得る武術システムの不思議!　意識するほど“非合理”化する身体の不思議!　知られざる「身体の不思議」すべてを明らかにする!!!

●日野晃 著　●A5判　●208頁　●本体1,600円+税

ゲームの極意が武術の秘伝

～ゲーマーが武道の達人を目指した結果～

GAME×武術　世界レベルのゲーマーから武道の達人に!?　疑問に感じたことは、徹底的にトライアル・アンド・エラー!　ゲームのように“楽しくトコトン”武術をつきつめたら、“誰でも武術の達人になれる”秘伝を解明してしまった!!　即、腕相撲が強くなるコツ／“逃げられない突き”の理由／相手を動けなくする方法／一番身体が強くなる、心の置き所。筋力やら、運動神経やら、無駄な努力なんかやらよりも大事なのは“気づくこと”!　だから、読めばあなたにもできます!

●真仙明 著　●四六判　●272頁　●本体1,400円+税

孫子を超えた　“老子”の兵法

—戦略・戦術はもういらない

武道家が解く!　セルフコントロール、対人関係の極意書

約2400年前の中国の思想家・老子が伝えた書『老子（道徳経）』には、この世界の普遍的な哲理が示されている。戦略や戦術を超え、自然のありように身を委ねれば、生き残るべくして生き残るということだ。本書は、武道・武術をたしなむ者のみならず、混迷を極めた現代に生きるすべての人にとって、仕事や生活にも通じる大切なことに気づくヒントが詰まっている。

●湯川進太郎 著　●四六判　●184頁　●本体1,300円+税

BOOK Collection

空手と太極拳でマインドフルネス

～身体心理学的武術瞑想メソッド～

相対的強さ(試合で勝つ)から、絶対的強さ(生きやすさ)にパラダイムシフト! 空手に太極拳の「柔」の理を融合し、身体感覚を磨けば、真の強さ（=どんな状況でも生きのびる力）が養える！ 気鋭の身体心理学者にして武道家の著者が、オリンピック空手とは対極にある「本質的な武道空手」の取り組み方を教えます！

●湯川進太郎 著 ●四六判 ●268頁 ●本体1,500円+税

“手のカタチ”で身体が変わる!

～ヨガ秘法“ムドラ”の不思議～

ヨガで用いられている“ムドラ=手のカタチ”には、身体の可動性を拡大させるほか、人間の生理に直接作用するさまざまな意味がある。神仏像や修験道者・忍者が学ぶ“印”など、実は世界中に見られるこの不思議な手の使い方にスポットを当てた、本邦初、画期的な1冊!

●類家俊明 著 ●四六判 ●168頁 ●本体1,200円+税

ヨーガ行者の王 **成瀬雅春対談集**

“限界を超える”ために訊く10人の言

ここにあなたが“限界を超える”ためのヒントがある! 榎木孝明、柳川昌弘、武田邦彦、小比類巻貴之、苫米地英人、日野晃、フランソワ・デュボワ、平直行、TOZAWA、増田章。俳優、格闘家、科学者、ダンサー、武道家……さまざまなジャンルの傑物たちと、“ヨーガ行者の王”との対話。

●「月刊秘伝」編集部 著 ●四六判 ●292頁 ●本体1,500円+税

呼吸法の極意 **ゆっくり吐くこと**

人は生まれてから「吸う、吐く」を繰り返している。それを意識することは宝を手に入れたようなもの。身体は疲れにくくなり集中力が高まり活力が漲るという。本書は呼吸法のテクニックを初級・中級・上級のレベル別に。女優の高樹沙耶さんの特別対談収録! ■目次：第一章 導入 呼吸法の本質／第二章 本意 基本的な呼吸法／第三章 達意 繊細な呼吸法／第四章 極意 超越的な呼吸法

●成瀬雅春 著 ●四六判 ●288頁 ●本体1,600円+税

ヨーガ行者・成瀬雅春が教える「超常識学」

ヨーガ的生き方ですべてが自由になる!

非常識でなく「超常識」、つまり常識の幅を広げていくことが大切! 仕事、人間関係、生きるうえでの悩みなど、ヨーガ的にどう考え、どう対処すればいいか、より自由に生き、人生を愉しむための極意を、ヨーガ行者の王・成瀬雅春がわかりやすく語る!

●成瀬雅春 著 ●四六判 ●180頁 ●本体1,400円+税